PENSÉ QUE ESTO ME HARÍA FELIZ

Elogios para *Pensé que esto me haría feliz*

Con cándidas ilustraciones, sabiduría bíblica y lecciones prácticas y acciones en cada capítulo, *Pensé que esto me haría feliz* es el agente de cambio positivo que toda relación necesita. ¡Deja de lado las expectativas egoístas, acepta la alegría genuina y busca más en tu matrimonio!

Jodie Berndt, autora del superventas
Praying Scriptures for Your Marriage

Nadie se casa para no ser feliz. Chelsea Damon penetra en el corazón de nuestras querellas matrimoniales, las cuales, en realidad son las que plagan todo corazón humano: el egoísmo, el orgullo y la ira. Chelsea nos muestra una mejor manera de vivir y amar: la manera de Dios. ¡Este libro es la cirugía del alma que todos necesitamos, tanto en el matrimonio como en la vida!

Joanna Weaver, autora de superventas, *Como tener un corazón de María en un mundo de Marta* y *Descansa en la soberanía de Dios*

Pensé que esto me haría feliz es como encontrar un caleidoscopio de consejos matrimoniales. Al voltear cada página, veo una belleza renovada en el propósito de Dios para el matrimonio. Chelsea Damon deshace conceptos elevados (y a menudo distorsionados) sobre el matrimonio y nos enseña algo nuevo. Este libro te transformará a ti y a tu relación si implementas los pasos a seguir que están dentro.

Ciara Laine Myers, autora de *Glasses Off: Seeing God When Your Vision Is Gone*

Ya sea que tu boda fuera en el siglo pasado o la semana pasada, el matrimonio es difícil. La mezcla de personalidades, hábitos y malas costumbres de dos personas diferentes a menudo puede resultar en una invitación al conflicto y hasta al caos. Por fortuna, Chelsea Damon ha elaborado un manual para el matrimonio que te dará el poder para entretejer la comprensión, el perdón y la intimidad en tu relación con tu cónyuge. El consejo práctico y la dirección bíblica de este libro estimulará la comunicación eficaz y te ayudará a cultivar la verdadera alegría mientras edificas un matrimonio que le refleja el evangelio a un mundo que observa.

Karen Ehman, autora de superventas
del *New York Times, Escucha, ama, repite*

PENSÉ QUE ESTO ME HARÍA FELIZ

CÓMO PELEAR MENOS, PERDONAR MÁS RÁPIDO Y CULTIVAR LA ALEGRÍA EN EL MATRIMONIO

CHELSEA DAMON

Publicado por
Unilit
Medley, FL 33166

Primera edición 2026

Título del original en inglés:
I Thought This Would Make Me Happy
Publicado por *Zondervan Books*
(Published by arrangement with HarperCollins Christian Publishing, Inc.)

Traducción: *Concepción Ramos*
Edición: *Nancy Pineda*
Diseño de cubierta: *Adobe Stock / Getty Images / iStock*
Diseño interior: *Denise Froehlich*
Maquetación: *www.produccioneditorial.com*

Producto: 495996

ISBN: 0-7899-2871-X / 978-0-7899-2871-9

Categoría: *Vida cristiana / Relaciones / Amor y matrimonio*
Category: *Christian Living / Relationships / Love & Marriage*

Impreso en Colombia
Printed in Colombia

A mi madre, Susan,
quien nunca ha dejado de orar por mí,
mi esposo y mis hijos.

Contenido

Una invitación a cambiar

De niña, en la iglesia, era común que los líderes de jóvenes exhortaran a las chicas adolescentes a escribir una lista de las cosas que querían en un esposo. Creo que la idea detrás de la lista era que pensáramos en las virtudes que queríamos ver en un compañero para no conformarnos con algo menor que nuestra bien definida lista de factores decisivos. Esta fue mi primera lista:

- Que ame a Jesús
- Que quiera seis hijos
- Que sepa cocinar
- Que sea bondadoso

Bueno, mi lista cambió bastante con el correr de los años. En especial, la cantidad de hijos que quería. Una vez, mi lista se llevó toda una página, y oré por esto en fe, sabiendo que a Dios no le agradaría nada más que presentarme al hombre creado para mí en el momento (muy pronto) perfecto.

Avancemos con rapidez hasta mi primera cita con Josh, tomando café a altas horas de la noche en una cafetería a un paso del campus de nuestra universidad. En ese momento, *él* estaba en mi lista. Todo lo que era y no estaba en la lista, ahora se añadía de manera oficial. Todo lo que le faltaba y que la lista pedía, ahora eran solo añadiduras opcionales, pero no un factor decisivo. Sabía que tenía sus defectos, pero si tenía solo algunos de mis no negociables (que ame a Jesús, sea bondadoso y trabajador), confiaba que el resto de la lista se solucionaría solo.

Le damos de nuevo al botón de avance, al presente. *¡Se solucionó!* Josh y yo celebramos hace poco once años de casados, y somos más felices ahora que en ningún otro momento en nuestra relación. A decir verdad, es una emoción maravillosa. Sin embargo, tuvimos que trabajar mucho, y muchas parejas como la nuestra no llegan aquí. Es más, es casi siempre *poco común* que una pareja llegue a diez años o más, mucho menos que sean felices. Las estadísticas muestran que las tasas de divorcio son más altas entre los cinco y ocho años de matrimonio.

Quizá esta misma mañana pensaras: *¿Qué sucedió? Llenó todos los requisitos. ¿Por qué no hay gozo, no hay amistad en nuestro matrimonio? Pensé que esto me haría feliz.*

Si es así como te sientes ahora en tu relación, tengo buenas y malas noticias para ti. La buena noticia es que casi todas las parejas se sienten así en alguno u otro punto en su relación, lo que significa que están lejos de estar solas. ¿La mala noticia? La relación no mejorará por sí misma. Es más, lo más probable es que empeore; es decir, a menos que decidan iniciar un cambio.

Quizá pienses: *¿Por qué soy yo quien necesita hacer ese cambio? No soy la causa de la mayoría de nuestros problemas.* Aunque eso sea verdad, tienes este libro en tus manos porque te preocupa tu matrimonio. Tomaste los binoculares mentales y miraste hacia el camino por donde vas y no te gusta hacia el lugar que te lleva. Lo que significa que tanto tú como tu cónyuge necesitan cambiar si quieren que el matrimonio cambie. Y cuando reconocen lo que tiene que cambiar y actúan, habrán salido del camino actual hacia otro que tiene un futuro mucho más brillante.

Cristo diseñó el matrimonio como un cuadro de su inquebrantable amor por nosotros. Y sí, a veces somos un cuadro muy imperfecto, como una foto llena de polvo que encuentras escondida en un baúl de trastes en una tienda de antigüedades. En cambio, con gracia y perseverancia, tu matrimonio puede vencer tanto tus faltas como las de tu cónyuge, y las pruebas por las que estén atravesando. Puedes rescatar tu relación del baúl de los trastes, soplar el polvo y darle brillo para poder revelar una vez más su diseño y propósito original.

Hoy en día, Josh y yo podemos *sentir* la diferencia en nuestro matrimonio. Y quiero que sepas que tu cónyuge y tú pueden lograrlo también. Sí, *es* posible. No fue fácil para nosotros, y no te puedo prometer que será fácil para ustedes. A pesar de eso, sé que vale la pena. Mientras lees las páginas que siguen, le pido a Dios que haga de sus corazones un terreno suave, listo para recibir su palabra. Y oro para que lo que crezca de su disposición para iniciar el cambio sea un matrimonio profundamente arraigado y dinámico que, como un girasol que persigue la luz del sol, apunte sin cesar a Cristo. Sí, es posible lograr un matrimonio renovado del que emane vida, y te invito a dar el primer paso hacia el cambio.

PRIMERA PARTE

DESHIERBA Y SIEMBRA

Para que pueda ocurrir el cambio en un matrimonio, tenemos antes que deshierbar el terreno y sembrar, tanto en nuestra propia vida como en la relación. Esto requiere mirar con cuidado para ver lo que ha crecido mientras no prestábamos atención. Pueden emerger algunas cosas buenas y productivas, como la camaradería, la amabilidad y la confianza. Aun así, junto con estas cosas buenas también pueden venir otras no deseadas, como el resentimiento, el orgullo y el egoísmo. Una vez que vemos lo que hemos dejado crecer, podemos eliminar esas malas hierbas que no queremos y cultivar lo que queremos en nuestro matrimonio: nuevas virtudes que nos unan basadas en la gracia, la unidad y el gozo.

Deshierbar el terreno requiere dar un paso atrás de todo patrón destructivo y humillarnos ante Dios. Cuando violamos la voluntad de Dios, debemos acercarnos a Él con un corazón arrepentido. También es importante reconocer que, ante Dios, no somos mejores que nuestro cónyuge, que ambos somos personas quebrantadas y necesitadas de perdón. Este reconocimiento requiere humildad, transparencia y estar dispuestos a reconocer que hemos pecado contra nuestro cónyuge y contra Dios.

Imagínate el cambio positivo que puede resultar si le permitimos a Dios que le hable con libertad a nuestra vida, que nos corrija y nos dé la sabiduría para restaurar nuestro matrimonio. Si esta fuera nuestra respuesta por defecto cuando las cosas se dificultan, de seguro que nuestro matrimonio mejoraría.

Lo lamentable es que nuestra respuesta predeterminada tiende a ser una reacción rápida a lo que nuestro cónyuge hizo y una presunción orgullosa de que nuestras acciones son claramente una respuesta a sus acciones. O podemos retraernos de forma automática; tratamos de mantener la paz evitando confrontar nuestras preocupaciones con nuestro cónyuge o minimizando las preocupaciones de nuestro cónyuge por nosotros.

¿Cuánto mejor no sería si nuestra respuesta automática fuera pedir la dirección de Dios, responder en amor y hacer lo apropiado, sin importar cómo nos sentimos en ese momento? Esto requiere que le demos prioridad a nuestra obediencia a Dios por encima de nuestras emociones, lo cual, por su parte, requiere madurez y dominio propio. También requiere una mentalidad centrada en otros, como nos lo ejemplificó la vida de Cristo. En vez de condenarnos por nuestras faltas y errores, Él decidió amarnos y morir por nosotros, haciendo el sacrificio supremo, a fin de que podamos tener comunión con Él y con el Padre.

Podemos ser ejemplo de esto para nuestro cónyuge y hacer el sacrificio de ser obedientes al Padre, amar a nuestro cónyuge con palabras y acciones, y disfrutar una amistad profunda que personifique lo que debe ser el matrimonio. Al final, cuando buscamos el rostro de Dios, alineamos nuestro corazón al suyo, nos acercamos a propósito a nuestro cónyuge con sabiduría, gracia y amor, creamos una atmósfera relacional donde la paz y la unidad que anhelamos puede convertirse en una gozosa realidad.

Cuando leas los capítulos en la primera parte, te invito a que mires tu propio corazón con los ojos bien abiertos, a que te pongas lentes de rayos X y busques los motivos, valores y temores que impulsan tus acciones y reacciones. Veremos cómo el pecado se cuela en nuestra vida por la idolatría, el egoísmo, el orgullo y la ira, y cómo estas cosas pueden afectar nuestro propio corazón y nuestra relación diaria con nuestro cónyuge. Consideraremos los síntomas visibles del pecado que aparecen en el matrimonio y miraremos las razones que existen de manera más profunda, lo destructivas que son, y cómo las podemos mitigar en el futuro.

Antes de lanzarte, pídele a Dios un corazón humilde y que te ayude a verte como Él te ve, con una sinceridad desnuda, pero con un amor implacable. Aun cuando parece que todo lo que va mal en tu matrimonio es culpa de tu cónyuge, te animo a que pongas a un lado esa idea por ahora. El objetivo no es aprender a identificar mejor el pecado en la vida de tu cónyuge, sino trabajar primero en tu propio corazón. Al buscar arrepentirte del pecado y acercarte a Cristo, deshierbas el terreno y siembras para edificar una relación redentora con tu cónyuge.

CAPÍTULO 1

Conoce tu tesoro

Mientras crecía, nunca hubo un momento cuando no tuve una persona, una relación en la que podía confiar para sentirme segura e identificada. De niña, era mi hermano gemelo. Lo hacíamos todo juntos, la escuela, las fiestas de cumpleaños; hasta dormíamos en la misma cama. Cuando fui mayor, mi persona era mi mejor amiga, con quien típicamente pasaba los fines de semana. Más o menos durante ese tiempo, los novios entraron en el cuadro. Y si un novio y yo nos peleábamos, volvía corriendo a mi mejor amiga y continuábamos donde lo habíamos dejado.

Era inconcebible la idea de *no* tener a esa persona, alguien que me aceptara sí o sí. Me aterraba considerar siquiera la idea de estar sola sin, por lo menos, alguien a quien textear: «Buenas noches».

Como te puedes imaginar, esta dinámica relacional hizo que la idea del matrimonio fuera muy deseable para mí. Me encantaba la idea de estar unida por completo a alguien que no solo nunca me dejaría, sino que nunca quisiera hacerlo. Alguien que no solo conociera mis faltas, sino que las aceptara, o por lo menos pensara que eran graciosas.

Por años, soñé con el día que esa persona y yo nos uniéramos en amor y conquistáramos al mundo juntos. A la larga, el día llegó. Josh y yo estábamos de pie frente a un grupo pequeño de amigos y familiares en una de las pocas playas arenosas del estado de Washington y expresamos nuestras promesas mientras temblábamos de frío por el viento.

Quince meses más tarde, y todavía estábamos en la universidad, cuidando de un bebé, trabajando en empleos que malamente nos permitían llegar a fin de mes, tratando de sobrellevar la vida. Entonces, comencé a cuestionar por qué las cosas no se sentían bien. Había encontrado a mi persona; habíamos hecho promesas; y de verdad que nos amábamos. *¿Por qué era tan difícil nuestra relación? ¿Por qué no sentíamos que éramos un equipo? ¿Qué faltaba?*

Por meses luché con estas preguntas cuando por fin llegué a un punto crucial. Estaba sola, de pie en la cocina una noche y Josh estaba en el cuarto. Habíamos discutido acerca del poco dinero que teníamos, de manera específica acerca de la diferencia entre gastar de manera razonable y malgastar. En esa época, comprar una bolsa de tortillas de maíz era malgastar. Para evitar una pelea, compraba una bolsa nueva y la escondía en algún lugar para rellenar la bolsa vieja. Tiempos de desesperación exigen medidas desesperadas.

Josh estaba estresado, y su estrés se reflejaba sobre todo en discursos acerca de gastar, que se convertían en peleas cada vez que llegaba del mercado con más de tres bolsas en el maletero del auto. Sin embargo, ambos sabíamos que era más que eso.

Quedé embarazada de nuestro hijo solo seis meses después de la boda. Yo, con mi mentalidad típica de «las cosas se resolverán», estaba emocionada por traer al mundo esta combinación de Josh y yo con cachetes gorditos. Aun así, reprimí la emoción cuando sentí la carga de Josh salir de su cuerpo como un sudor frío, lo cual era frecuente.

Nunca lo culpé por sentirse de esa manera. No es que no quisiera hijos, solo que no había pensado convertirse en padre y tener que mantener una familia de tres poco después de un año de matrimonio.

Esa noche, mientras el bebé dormía y Josh se preparaba para la cama, yo estaba en la cocina oscura, con los pies pegados a la losa fría del piso, sintiéndome sola de verdad. Fue en el silencio de esa noche de desasosiego que tomé una decisión. No más circunstancias manipuladoras. No más depender de otros para que mi vida sea lo que quería que fuera. De todas formas, nada de eso ayudó jamás.

Me di cuenta de que no podía presionar a Josh a que fuera todo lo que yo necesitaba. Que llenara mis inseguridades. Que me protegiera y no me dejara sentir que necesitaba salir de mi zona de comodidad; algo que había hecho con todas mis mejores amigas y mis novios hasta entonces. Josh y yo todavía éramos un equipo, pero en lo que tenía que ver con mi dependencia de él, no había presión.

«Somos solo tú y yo ahora», le dije a Dios con los brazos cruzados y mirando a los armarios de la cocina. «No sé cómo, pero voy a comenzar estando satisfecha con tenerte a ti. No necesito llenar mi vida con gente y cosas para sentirme segura y amada. Estar contigo es más que suficiente».

Sentí la dulce presencia de Dios que me decía: «Bien. Ahora hagámoslo a mi manera. Sé que notarás la diferencia». Y en ese momento, me sentí libre y ligera, como si un gran peso se hubiera caído de mis hombros. Sabía que esto era lo que Dios siempre quiso de mí y, ahora, quizá por primera vez, ya no luchaba. Ya no decía: *Sí, Dios es todo*, mientras que detrás del telón trabajaba para que mis seres amados nunca se fueran, que mi futuro estuviera asegurado y que nunca estuviera sola.

Fue un momento decisivo, pero esto no significó que la lucha había terminado. Es más, ese fue solo el principio de una jornada larga de aprendizaje y dependencia de Dios. Sin embargo, en vez de sentirme intimidada, estaba emocionada. Esto me sorprendió debido a que la idea de entregarle a Dios mis planes y esperanzas con manos abiertas todavía me daba temor. *¿Y si el futuro que Él quería para mí no incluía las cosas que siempre he querido? ¿Y qué significa siquiera recibir mi satisfacción de Cristo en vez de esperar ser satisfecha por otros?*

Todo me parecía incierto y desconocido, pues estaba entregando mi derecho de manipular las relaciones y las circunstancias para obtener lo que quería. Y sabía que hacer esos cambios en la vida real diaria requeriría mucha humildad y práctica. No obstante, tenía la esperanza de que al darme permiso para disfrutar a Cristo, para atesorarlo por encima de todo lo demás, también aprendería a encontrar gozo en tantas otras cosas y personas sobre las que no tenía control. Y una de esas era mi esposo.

Para entonces, muchas de mis amistades estaban en el mismo barco donde yo había estado antes de casarme con Josh, buscando a esa persona o a esa cosa que les traería satisfacción. Algunos tuvieron varias relaciones, pensando que cada persona era justo lo que buscaban hasta que, después de un tiempo, la ilusión comenzaba a desvanecerse y se daban cuenta de que no habían encontrado a su persona después de todo. Lo que una vez pensaron que era su tesoro, de pronto se convirtió en un obstáculo o un desvío. Entonces sentían la ansiedad adicional de preocuparse debido a que su búsqueda de la felicidad y la realización se desvanecía con más rapidez que el día anterior. Así que comenzaban a salir en citas casi en modo de pánico, tratando de encontrar a su persona antes de que fuera demasiado tarde.

Sin embargo, ¿qué tal si, al igual que yo, tú ya encontraste a tu persona hace tiempo y te acabas de dar cuenta, o te diste cuenta hace mucho, de que no te ha dado la felicidad ni la satisfacción que esperabas? ¿Qué haces entonces?

Algunos deciden aceptar su suerte, conformándose con una rutina de compañeros de cuarto en la que solo hacen lo suficiente para vivir en armonía con su cónyuge. Esta gente no considera que su matrimonio es algo que pueden disfrutar, pero tampoco es un lugar tan malo para sobrevivir. No discuten mucho con su cónyuge, pero tampoco se ríen mucho con ellos. Otros deciden aprovechar cuanta oportunidad se les presenta para cambiar al cónyuge o la situación. Obsesionados con su propio descontento, se quejan y ofenden. Se amargan hacia su cónyuge, enfocándose en su propio desaliento acerca de quién es su cónyuge (o quién no es), y lo que hace (o no hace) por ellos. En un frenético intento de obtener lo que quieren, confrontan y critican, creyendo que lo que esperan solo lo obtendrán a la fuerza.

Si te puedes relacionar con cualquiera de estos dos escenarios, o quizá ambos, tal vez debas hacerte la misma pregunta que yo tuve que hacerme: *¿He buscado mi tesoro en el lugar equivocado?*

Esa noche en la cocina, por fin reconocí que Josh no debía ser mi tesoro. Era muchas cosas maravillosas: generoso, inteligente, trabajador y apuesto, y por años yo había buscado un tesoro así. Lo que no entendía era que existía un tesoro mucho mejor que un hombre apuesto llegando a casa cada día a las seis de la tarde. Un tesoro eterno que nunca se desvanece, nunca pierde su valor, nunca necesita ser pulido y nadie me lo puede robar. Y casi le paso por alto por completo.

Encontré mi verdadero tesoro cuando por fin decidí dejar ir lo que pensé que era mi tesoro para aferrarme a la promesa de que Dios solo era suficiente para mí.

El verdadero tesoro

Jesús usó una parábola sencilla para enseñarles a sus seguidores el significado del verdadero tesoro: «El reino de los cielos es como un tesoro escondido en un campo. Cuando un hombre lo descubrió, lo volvió a esconder, y lleno de alegría fue y vendió todo lo que tenía y compró ese campo» (Mateo 13:44).

Cuando encuentras el verdadero tesoro, estás dispuesto a sacrificarte por él, aun cuando parece contrario a la lógica. Y lo que este hombre hizo, a primera vista parecía contrario al sentido común, pues cuando tu objetivo es tener mucho, ¿tiene sentido deshacerte de todo eso por lo que has trabajado de manera tan ardua para ganar? Es probable que los amigos y familiares de este hombre pensaran que estaba loco. Para él, en cambio, el sacrificio era lógico. Es más, es probable que ni siquiera le pareciera un sacrificio, solo estaba mejorando, ¡mejorando mucho!

Cuando el hombre lo vendió todo, tuvo que deshacerse de lo que antes pensó que era su tesoro; se liberó para ganar mucho más. No fue un sacrificio, pues veía que todo lo logrado hasta ahora era solo trastes en comparación con el verdadero tesoro. Eso es lo que sucede cuando nos damos permiso para ver a Jesús por todo lo que es: en comparación, es claro ver lo opaco que es nuestro tesoro terrenal. En realidad, solo es un débil destello de lo que recibimos cuando hacemos de Cristo nuestro mayor tesoro. Y solo después de darnos cuenta de la riqueza de Cristo, del valor eterno de su perdón, bondad, amor y santidad, podemos empezar de veras a desprendernos de los tesoros por los que una vez luchamos y a los que nos aferramos con tanta fuerza. Cuando nos damos cuenta de las riquezas de Cristo, nos aferramos a Él y decimos: «Si tengo a Cristo, lo tengo todo». Estas son las riquezas a las que el apóstol Pablo se refirió cuando escribió: «Mi Dios les proveerá de todo lo que necesiten, conforme a las gloriosas riquezas que tiene en Cristo Jesús» (Filipenses 4:19).

Eso no quiere decir que las riquezas terrenales sean malas. Al contrario. Dios diseñó el matrimonio y la familia, y quiere que en ellos encontremos gozo. Sin embargo, cuando esos u otros tesoros terrenales desplazan a Dios como nuestra fuente de seguridad e identidad, se convierten en ídolos. Sabemos que creamos un ídolo cuando valoramos el regalo más que el Dios que creó y nos dio ese regalo. Y esto puede pasar hasta en el matrimonio cuando miramos a nuestro cónyuge y no a Dios como nuestro verdadero tesoro.

En la parábola, es importante notar que Jesús dice que el hombre: «*lleno de alegría* fue y vendió todo lo que tenía» (énfasis añadido). Es como cuando Josh y yo les decimos a los niños que pueden comer helado si recogen sus juguetes. En cualquier otro momento que les pedimos que recojan los juguetes, escuchamos las quejas y protestas. Entonces, ¿qué tal si el helado es parte del negocio? Es: «¡Claro, mamá y papá! ¡No hay problema!». De pronto, recoger los juguetes se convierte en una oportunidad más que en un deber. Hasta se emocionan porque saben que valdrá la pena. Al terminar, el helado estará esperándolos.

Creo que Jesús describe algo parecido. Era necesario un poco de trabajo. El hombre tenía que deshacerse de todo lo que tenía. Aun así, también sabía que valdría la pena. *Valdría mucho* la pena. Y esa es la promesa que Jesús nos hace: que podemos tener gozo aun cuando hacemos la dura tarea de deshacernos de nuestros tesoros más pequeños, debido a que Él vale la pena.

Lo que me parece interesante es el breve período durante el cual el hombre no tuvo nada. Entre el momento cuando lo vendió todo y el momento cuando compró el campo, no tenía nada. Durante ese tiempo intermedio, puso toda su fe en el tesoro que *tendría*. Y eso fue más que suficiente para mantener su gozo.

Necesitamos recordar esto cuando entramos en nuestro propio tiempo intermedio desde que cambiamos los tesoros terrenales por el verdadero tesoro. Es posible que pasemos por un período de espera, pero también sabemos que el tesoro en el campo, que es la promesa de vida eterna con Cristo, es nuestro. Aun si no podemos experimentar la plenitud de ese tesoro mientras estamos en la tierra, podemos elegir vivir en la plenitud de gozo.

Quizá te preguntes: *Entonces, ¿cómo sé si algo es un ídolo en mi vida y no solo estoy disfrutando de un buen regalo?* Aquí tienes una pregunta para comenzar: ¿Cómo responderías y te sentirías si perdieras ese regalo algún día? Por ejemplo, digamos que tu tesoro es la seguridad. Bien, esto puede tomar muchas formas. Para mi versión más joven, la seguridad era encontrar un esposo. Para otros, la seguridad puede ser un empleo bien pagado, los elogios y la aceptación, o una buena jubilación. Sea lo que sea para ti, ¿cómo te sentirías si mañana, por cualquier motivo, ya no lo tienes?

Por supuesto, perder cualquier tesoro terrenal sería doloroso y difícil de soportar. Jesús nunca nos pide que seamos apáticos acerca de nuestras relaciones, o de proveer para nosotros o nuestra familia. En cambio, no existe empleo ni plan de jubilación que nos pueda salvar, y ningún ser humano está aquí para siempre. Y si perder alguna de estas cosas te hace perderte a ti mismo, sentir que sin ellas no tienes identidad ni propósito, puedes estar aferrándote a un ídolo como sentido falso de seguridad en vez de gozar de un buen regalo. Eso fue lo que yo hice cuando convertí en mi tesoro a esa persona: mi hermano, mi mejor amiga, un novio y hasta mi esposo.

Si al igual que yo has esperado que tu matrimonio y tu cónyuge fueran tu fuente suprema y constante de felicidad y satisfacción, y piensas: *Sabía que el matrimonio sería difícil a veces, pero nunca pensé que fuera tan difícil,* tengo buenas noticias para ti. No tienes que empezar de nuevo con alguien nuevo para encontrar lo que buscas. Y arreglar a tu cónyuge, aun si fuera posible, no es la respuesta. El punto de partida es la búsqueda de un tesoro, una que tiene lugar en tu propio corazón.

La historia de Savannah de entregar un ídolo

«Mi esposo y yo teníamos solo diecinueve años cuando nos casamos y comenzamos a tener hijos. Éramos muy jóvenes y no teníamos idea de lo que hacíamos. Yo perdí un embarazo y luego di a luz a nuestro primer bebé antes del primer aniversario. Vivíamos en una casa móvil pequeña, yo estaba todavía en la universidad y mi esposo trabajaba largas horas como leñador. Era sobrecogedor. No éramos despreocupados como cuando éramos novios, y sentía que había mucha distancia entre nosotros. Discutíamos por el dinero, y cuando se trataba de disciplinar a nuestro hijo, no veíamos las cosas de la misma manera. Mi esposo se retrajo de manera emocional, y yo de manera física. Nuestro resentimiento creció y, a la larga, descubrí que él usaba las redes sociales para hablar con otras mujeres.

»Me fui a vivir con mis padres, me reuní con un abogado y comencé el proceso de divorcio. Ya llevábamos casi cinco años de casados, y yo estaba embarazada de nuestro segundo hijo. Aun después de todo lo que habíamos pasado, todavía amaba a mi esposo y no quería dejarlo ir. Sufrí mucho, pero esta fue la situación que cambió por completo mi relación con Dios. Aunque crecí como cristiana, mi relación con Dios hasta entonces había sido superficial. Clamé a Él mucho durante este tiempo, y por primera vez me di cuenta de que podía oír que me contestaba.

»Al principio, sentí que me decía que había convertido a mi esposo en un ídolo. Necesitaba renunciar a él y dejar que Dios me bastara. Por fin llegué al punto en el que me sentí lista para dejarlo ir y confiar solo en Dios. Fue una decisión difícil, pero hermosa. Una vez que mi esposo dejó de ser un ídolo, sentí que Dios me decía que, después de todo, podía quedarme con él. Me sentí como debió sentirse Abraham cuando se disponía a sacrificar a su hijo Isaac, pero lo detuvieron en el último momento.

»Cuando mi esposo y yo decidimos comenzar a trabajar en nuestro matrimonio, las discusiones cambiaron de gritos, lanzar cosas y decirnos palabras hirientes a conversaciones calmadas. Ya no le negué la intimidad como arma o castigo, y mi esposo y yo nos acercamos más en lo emocional. Desde entonces, mi relación con Dios ha crecido mucho, y Él me ha enseñado a ser mejor esposa. Es maravilloso lo que Dios puede hacer cuando le entregamos nuestros ídolos».

Tesoros en el cielo

A menudo, Jesús enseñó lo fugaces que son los tesoros terrenales cuando los comparamos con los tesoros que nos esperan en el cielo.

> No acumulen para sí tesoros en la tierra, donde la polilla y el óxido destruyen, y donde los ladrones se meten a robar. Más bien, acumulen para sí tesoros en el cielo, donde ni la polilla ni el óxido carcomen, ni los ladrones se meten a robar. Porque donde esté tu tesoro, allí estará también tu corazón. (Mateo 6:19-21)

Necesitamos amar y estimar a nuestro cónyuge, pero debemos protegernos de hacerle nuestro tesoro supremo. Amar a nuestro cónyuge y querer seguridad y felicidad no son deseos pecaminosos. En cambio, sin la dirección de Cristo para ponerlos en la debida perspectiva, nos arriesgamos a poner a nuestro cónyuge en un pedestal y darle una influencia sobre nuestra vida que no le pertenece. Eso se debe a que nuestro tesoro, sea cual sea, puede convertirse en nuestra principal fuente de identidad, significado y seguridad. Puede ser lo que nos impulsa y nos motiva. Y poner todo eso sobre otro ser humano es demasiado. Como una planta que se marchita cuando le echamos demasiada agua, podemos agobiar a las cosas y a las personas que amamos si las hacemos nuestro supremo tesoro y nos aferramos demasiado a ellas. En su lugar, Cristo dijo que nos casáramos y amáramos a nuestro cónyuge. Sin embargo, dejemos que Cristo sea el fundamento para amarle bien, amándolo a Él sobre todas las cosas.

Me gusta cómo lo expresó C. S. Lewis en una cita que enmarcamos y colgamos en la pared de la escalera de nuestra casa:

> Cuando haya aprendido a amar a Dios más que a mis seres más queridos, los amaré más de lo que los amo ahora. En la medida en que aprenda a amar a mis seres queridos a expensas de Dios, y *en lugar de Dios*, me acercaré al estado en el que no amaré en absoluto a mis seres queridos. Cuando lo primero se prioriza, lo segundo no se suprime, sino que se acrecienta[1].

Ningún ser humano, ni siquiera un cónyuge, está destinado a satisfacer a plenitud los anhelos más profundos de nuestro corazón. Así que emprende una búsqueda de tesoros y analiza con atención lo que más te importa. Considera lo que influye de veras en tus decisiones diarias: cómo inviertes tu tiempo y tus recursos, cómo ves y tratas a tu cónyuge, e incluso los pensamientos que ocupan tu mente a lo largo del día. Debajo de todo esto se encuentra tu bien más preciado, el tesoro que domina tu corazón. Y Dios te invita a entregarlo, sea lo que sea, a fin de que puedas amarlo más.

---

1. Walter Hooper, ed., *The Collected Letter of C. S. Lewis: Narnia, Cambridge, Joy 1950-1963*, vol. 3, HarperCollins, Nueva York, 2007, p. 247, cursivas en el original.

Reflexión

- Cuando crecías, ¿de qué dependías más para tu sentido de seguridad e identidad? Por ejemplo, era una persona, un lugar o algo que disfrutabas o te era fácil hacer? De adulto, ¿cómo continúas dependiendo de esto, sea lo que sea, para sentir seguridad e identidad?
- El verdadero tesoro es algo por lo que estamos dispuestos a hacer sacrificios, aun cuando parezca contrario al sentido común. ¿Qué revelan acerca de tu verdadero tesoro los sacrificios que hiciste hace poco o en el pasado?
- ¿Cómo te desafía la parábola de Jesús acerca del tesoro en el campo? ¿Cómo te anima?
- Mira hacia adelante, a lo que harán tú y tu cónyuge en las próximas veinticuatro horas. En esos momentos, ¿cómo sería en términos prácticos amar más a tu cónyuge amando más a Dios, como lo describió C. S. Lewis?

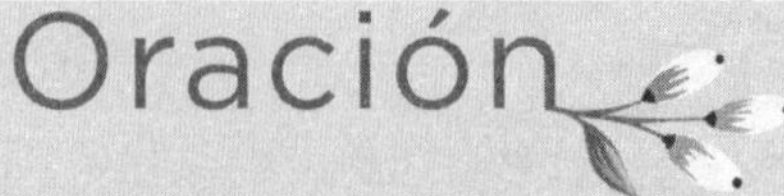

Pídele a Dios que:

- examine tu corazón y te ayude a identificar los deseos sin realizar que se han convertido en expectativas incumplidas o fuentes de resentimiento en tu matrimonio. Entrégale a Dios esos deseos como reconocimiento de que quieres que Él solo sea tu mayor tesoro.
- te perdone por permitir que tu cónyuge, o cualquier expectativa que tengas de su persona, desplace a Dios como tu verdadero tesoro.
- te revele su riqueza, de modo que pueda ser de veras el mayor tesoro en tu vida.

CAPÍTULO 2

La raíz del egoísmo

Un domingo por la mañana, después de ofrecerme como voluntaria para servir el desayuno en la iglesia, estaba limpiando las encimeras cuando entablé una conversación con un estudiante de posgrado unos años mayor que yo, que también era voluntario. Había oído que yo tenía un blog y me preguntó sobre qué escribía.

—Sobre todo, del matrimonio y de la familia —le dije sin darle muchos detalles. Pensé que los temas no le interesarían, ya que era soltero.

—¡Maravilloso! —dijo con los ojos brillantes—. Yo estudio consejería. Quiero ser consejero matrimonial.

—¡Oh, vaya! —dije sorprendida y curiosa puesto que no estaba casado.

—Tengo una teoría acerca de los problemas matrimoniales —me dijo.

—Ah, ¿sí? —le dije levantando las cejas esperando escuchar lo que quería comentar.

—Creo que todos los problemas matrimoniales se resumen en una sola palabra —dijo haciendo una pausa para efectos de drama—. La comunicación.

—¿De veras lo piensas? —le pregunté.

—Por completo —me dijo—. Piénsalo bien. Asuntos de finanzas, sentirse no apreciados, desacuerdos en temas importantes: todos se pueden resolver con la comunicación.

Y lo pensé. Y continué pensando mientras terminaba de limpiar. No estaba muy de acuerdo con su teoría, pero no podía entender bien por qué. *Imposible que la mitad de los matrimonios en Estados Unidos se deshagan solo por problemas de comunicación*, pensé. En esa época, Josh y yo llevábamos algunos años de casados, y nos comunicábamos bastante bien. Aun así, nuestro matrimonio no siempre era fácil.

Esa tarde se lo comenté a Josh. «Está equivocado», le dije deseando haber descubierto una respuesta inteligente mucho antes (la historia de mi vida) para haberle dicho lo equivocado que estaba. «Parece bueno», le dije, «pero lo lamentable es que no es tan sencillo. Y si algún día se casa, aprenderá más antes que después. A todos nos pasa».

Josh escuchaba mientras yo me quejaba.

«¿Y qué de las diferentes crianzas?», protesté. «¿O las adicciones, heridas del pasado, diferencias en valores? Claro, la comunicación ayuda en muchas de esas cosas. Sin embargo, no *todo* se resuelve hablando. El matrimonio es mucho más complicado que eso». Después de desahogarme por varios minutos más, me di cuenta de que sí estaba de acuerdo con el universitario de la iglesia en una cosa: la mayoría de los problemas relacionales tienen la raíz en un solo tema. En cambio, no era la comunicación. Cuando miré otras fuentes de dificultades matrimoniales, las pude rastrear a casi todas en una cosa: el egoísmo. Y el egoísmo representa un papel inmenso en hacer del matrimonio algo complicado, desordenado y difícil.

La raíz del problema

Una amiga, que llamaré Ahna, me contó una vez de su frustración debido a que su esposo, Brian, nunca sacaba la basura a menos que ella se lo pidiera. Cada vez que se lo pedía, él lo hacía con gusto, sin protestar, pero el hecho de que tenía que pedírselo la irritaba. Lo que quería es que Brian asumiera la responsabilidad de sacar la basura; pero a Ahna le parecía que Brian pensaba que le hacía un favor. Brian ayudaba en la casa de otras maneras. Cuando terminaba de trabajar durante el día, a menudo la ayudaba con la cena y con el bebé, y trabajaba en el patio. Sin embargo, Ahna se crio en un hogar donde sacar la basura era la responsabilidad del hombre. Además, una bolsa llena de basura era pesada y le resultaba difícil llevarla. Por lo tanto, esperaba que Brian asumiera la tarea semanal de sacar la basura sin que nadie se lo pidiera.

Cuando Ahna trató de hablar con Brian acerca de esto, su respuesta fue insatisfactoria. «Lo siento», le dijo. «Sé que muchas veces se me olvida sacarla. Trataré de recordarlo. Aun así, a decir verdad, es probable que necesite que me lo recuerdes más a menudo. Y entonces lo haré con gusto». ¡Uy! Esto es justo lo que Ahna no quería oír.

Unas semanas más tarde, Ahna decidió dejar de pedirlo. Todavía frustrada por la forma en que los recordatorios la hacían sentir (después de todo, él no tenía que recordarle hacer sus deberes, ¿por qué tenía que llevar esa carga por *él*?), quería ver lo que sucedería si nunca se lo recordaba a Brian. Cada domingo por la noche, Ahna esperaba para ver si Brian lo recordaba solo. Una vez que se aseguraba de que se había olvidado, sacaba la basura ella misma sin decir una palabra, todo mientras hervía por dentro: *Sabía que lo olvidaría otra vez.*

Después de varias semanas de esto. Ahna le pidió a regañadientes a Brian que sacara la basura de nuevo.

—Claro, la sacaré —dijo Brian—. Gracias por hacerlo estas semanas pasadas. ¿Por qué no me lo pediste?

—Porque quería ver si te acordabas sin que te lo pidiera —dijo Ahna en tono despectivo.

Brian se detuvo por un segundo mientras que sus emociones fueron de gratitud a defensa.

—Entonces, ¿estas últimas semanas has estado observándome, probándome?

Era una pregunta, pero la hizo como una acusación hiriente.

Ahna apretó los labios sin querer reconocer la verdad, y regresó al origen de su resentimiento.

—Es que me parece que piensas que me estás haciendo un favor cuando, como es obvio, los dos estamos usando la basura y sacarla se me hace pesado.

Y así siguieron discutiendo.

Al final, Ahna pidió disculpas por probar a Brian y mantenerlo culpable por su olvido, en amargura. Estuvo de acuerdo en recordárselo, de nuevo, sin tomarlo personalmente porque sabía que la amaba. Brian acordó tratar de recordarlo al poner una alarma en su teléfono. Ahna decidió que sacar la basura no era un asunto tan serio para causar resentimientos entre ellos, y ambos decidieron trabajar juntos para decidir no ser egoístas, sobre todo en esos momentos inevitables cuando el otro se descuidaba.

Lo irónico es que mis amigos se comunicaban bien. Ahna le comunicó sus expectativas y sus sentimientos, y Brian comunicaba sus necesidades. Así que, aunque la buena comunicación es importante, no solucionó el problema, pues tenía sus raíces en el egoísmo.

El egoísmo nos hace buscar nuestro propio interés y pasar por alto el de nuestro cónyuge y, bueno, el de todo el mundo, lo que puede causar un mundo de dolor si todos viviéramos siempre así. Lo cual, si somos sinceros, es a menudo el caso.

El egoísmo nos hace poner la prioridad en nosotros mismos. El poeta del siglo diecinueve Oscar Wilde lo dijo bien: «Egoísmo no es vivir como uno desea vivir, es pedir a otros que vivan como uno desea vivir»[1]. Aunque no nos demos cuenta, nuestra naturaleza humana trabaja sin cesar para asegurarse de que tenemos la comodidad, admiración y el respeto que sentimos que necesitamos y nos merecemos, y no le importa ignorar las necesidades de otro para lograrlo.

El egoísmo puede ser difícil de reconocer de manera específica en nosotros, y más difícil de vencer, sobre todo en la cultura occidental que hace un énfasis extremo en el ego, la autonomía y la individualidad. Si ofendo a otros y los subestimo para poder exaltarme a mí misma, solo «conozco mi valor». Si dejo una relación en el momento cuando dejan de servirme, solo «establezco límites». He notado mucho de esto en canciones de alabanza con frases como «Tú [Dios] piensas en mí», «Soy suficiente» o «No quisiste el cielo sin nosotros». Aun como creyentes, podemos caer con facilidad en pensar que somos lo más importante; que necesitamos procurar nuestro interés por encima del de todos los demás; y que otros, incluso Dios, deben hacer lo mismo.

---

1. Oscar Wilde, *El alma del hombre bajo el socialismo*, Editorial Arpa, Barcelona, España, 2022, p. 54.

El egoísmo era la raíz de la frustración de Ahna con Brian, pues creía que necesitaba un compañero que asumiera la responsabilidad de sacar la basura. Y el egoísmo era la raíz de la renuencia de Brian de recordar sacar la basura, debido a que deseaba, en esencia, que continuara siendo la responsabilidad de Ahna. Ambos cayeron en el hábito de hacer lo mejor, o más fácil, para ellos en vez de su cónyuge.

Aunque la comunicación es un arma esencial para ayudarnos a desenredar un hilo de asuntos y conflictos en nuestra relación, nunca será una varita mágica que hace desaparecer todas nuestras motivaciones egoístas. El egoísmo es una emoción que dice: *Nada es más importante que lo que yo quiero y pienso y necesito,* y a menudo crea barreras para el crecimiento de nuestras relaciones.

Evaluación del egoísmo

El egoísmo puede ser difícil de reconocer en nosotros, pues tendemos a creer que nuestras motivaciones son bien intencionadas y, por lo tanto, justificadas. Lo que marca una acción como egoísta no es la intención, sino nuestra falta de consideración o una indiferencia intencional del impacto que nuestras decisiones les causan a otros.

A continuación te ofrezco nueve ejemplos de acciones que pueden considerarse egoístas. Aunque puede haber excepciones, si descubres que te comportas de esa manera, es muy probable que el egoísmo esté obrando. Mientras lees la lista, considera cualquier comportamiento o tendencia que reconozcas en ti mismo.

Puedes actuar con egoísmo si:

- **Ignoras con rapidez los sentimientos de tu cónyuge.** Descartar, minimizar o ignorar las emociones genuinas de tu cónyuge casi siempre es un comportamiento egoísta, aunque pienses que tienes razón para hacerlo. No empatizar ni ofrecer apoyo emocional es doloroso.
- **Tomas decisiones importantes de manera unilateral.** Tomar decisiones importantes, como financieras o cambio de vida sin consultar a tu cónyuge o pedir su consejo es típicamente una señal de egoísmo. Esto es cierto aun si piensas que la decisión los beneficiará a los dos.
- **Retienes el afecto o la atención para obtener lo que quieres.** Retener o amenazar con retener el afecto, la intimidad o la atención como forma de controlar o manipular refleja motivos egoístas que pueden dañar tu matrimonio.
- **Una y otra vez pones tus propias necesidades primero.** Darle la prioridad solo a tus propias necesidades, antojos y comodidades en situaciones diarias sin considerar o importarte cómo tus decisiones afectan a tu cónyuge es un comportamiento egoísta.
- **Te niegas a llegar a un acuerdo.** Negarte a llegar a un acuerdo, aun en asuntos menores, es una indicación de egoísmo. Un matrimonio saludable requiere que ambos cónyuges se comprometan.
- **No muestras aprecio.** No expresar gratitud o aprecio por los esfuerzos y contribuciones de tu cónyuge en la relación puede hacer que se sienta poco valorado e insignificante.

- **Evitas asumir responsabilidad.** Evitar la culpa, evadir la rendición de cuentas o negarte a asumir la responsabilidad de tus acciones son comportamientos egoístas que erosionan la confianza y la responsabilidad en el matrimonio.
- **Reaccionas a la defensiva.** Reaccionar a la defensiva con regularidad a comentarios o críticas de tu cónyuge, en vez de considerar su perspectiva y esforzarte por lograr una solución, es una señal de egoísmo.
- **Subestimas o no apoyas las metas de tu cónyuge.** No darle importancia a las metas, sueños y aspiraciones de tu cónyuge demuestra una postura egoísta en una relación. Lo ideal es que seas el mejor alentador de tu cónyuge.

Todos batallamos con el egoísmo en algún momento, y verte en uno o más de estos comportamientos no significa que seas una «persona egoísta». Sin embargo, cuando un comportamiento se convierte en un hábito, es importante mirar más de cerca qué lo impulsa para podérselo entregar a Cristo, esforzarte para lograr una actitud más desinteresada, y vivir en mejor unidad y comprensión con tu cónyuge.

El egoísmo crea barreras

Una barrera es un obstáculo para el progreso. En el matrimonio, el egoísmo es una barrera que no nos deja llegar a la relación que queremos. Aunque causa mucho dolor, puede ser difícil de reconocer, pues a veces viene disfrazado de otros comportamientos y decisiones. Sin embargo, cuando analizamos el asunto en profundidad, podemos ver que el egoísmo en el matrimonio a menudo se manifiesta como dos barreras específicas: una autoimportancia desmedida y la culpa.

Autoimportancia desmedida

El primer cuadro que nos da la Biblia de una autoimportancia desmedida tiene lugar en la conversación entre Eva y Satanás, que se aparece en forma de serpiente.

> —Claro que podemos comer del fruto de los árboles del huerto —contestó la mujer—. Es solo del fruto del árbol que está en medio del huerto del que no se nos permite comer. Dios dijo: "No deben comerlo, ni siquiera tocarlo; si lo hacen, morirán".
>
> —¡No morirán! —respondió la serpiente a la mujer—. Dios sabe que, en cuanto coman del fruto, *se les abrirán los ojos y serán como Dios*, con el conocimiento del bien y del mal.
>
> La mujer quedó convencida. Vio que el árbol era hermoso y su fruto parecía delicioso, y quiso la sabiduría que le daría. Así que tomó del fruto y lo comió. Después le dio un poco a su esposo que estaba con ella, y él también comió. En ese momento, se les abrieron los ojos, y de pronto sintieron vergüenza por su desnudez. Entonces cosieron hojas de higuera para cubrirse. (Génesis 3:2-7, NTV, énfasis añadido).

Cuando Eva escuchó que podía ser como Dios, autónoma y sabia, decidió que nada era más importante, y su exagerada opinión de autoimportancia hizo que la propuesta de la serpiente fuera demasiado buena para dejarla pasar. En realidad, los ojos de Adán y Eva se abrieron cuando comieron del fruto, pero lo que vieron fue su depravación, no su divinidad.

A menudo tenemos opiniones exageradas de nosotros mismos también. Pensamos que somos buenos en gran medida, que tenemos buenas intenciones o que casi siempre somos mejores que los demás. La Biblia, en cambio, desafía una y otra vez nuestros autoengaños, pues mientras pensamos que somos buenos en general, olvidamos cuánto necesitamos a Dios.

El profeta Isaías escribió que hasta lo bueno que tratamos de hacer se queda corto: «Todos somos como gente impura; todos nuestros actos de justicia son como trapos de inmundicia» (Isaías 64:6). ¿Por qué dice que hasta nuestra propia justicia es inmunda? Parece como un pensamiento de derrota, ¿verdad? No obstante, si miramos en profundidad los motivos detrás de esas buenas obras, a menudo nos llevan a intenciones egoístas.

Si me esfuerzo en mi trabajo, me reconocerán.

Si sorprendo a mi cónyuge limpiando la casa, me mostrará más afecto.

Si sirvo en la iglesia, pareceré y me sentiré un buen cristiano.

Hasta esas cosas que parecen altruistas se pueden hacer con motivos egoístas. Y a veces abordamos nuestra relación con Dios de la misma manera. Cuando el trabajo nos frustra más de lo que nos recompensa, cuando los niños encuentran dificultades en la escuela, cuando el matrimonio no tiene el gozo que tenía antes, con frecuencia le preguntamos a Dios por qué *tenemos* que lidiar con estas cosas como, si por algún motivo, no nos merezcamos las pruebas y las tribulaciones.

La Biblia desafía nuestras ideas de autoimportancia desmedida, y nos recuerda que hasta nuestra justicia puede ser el resultado de intenciones egoístas. La Escritura nos anima a mirarnos a nosotros mismos, y a nuestros motivos, con los ojos bien abiertos, y a examinar nuestro corazón delante de Dios: «A cada uno le parece correcto su camino, pero el Señor juzga los corazones» (Proverbios 21:2).

La culpa

Debido a que el egoísmo nos lleva a otorgarnos un valor y una prioridad desproporcionados, cuando las cosas no resultan como esperábamos o las consecuencias de nuestro egoísmo nos complican la vida, a menudo nos apresuramos a culpar a las personas que nos rodean. «Si solo mi esposo fuera más (rellena el espacio en blanco)». Si solo mi esposa fuera menos ________». En realidad, ese fue el caso en el jardín de Edén cuando Dios les preguntó a Adán y Eva si habían comido del fruto prohibido. Adán culpó a Eva y Eva culpó a la serpiente (Génesis 3:11-13).

Sin embargo, la Biblia también ofrece otra historia persuasiva de culpa como barrera. Esta tiene lugar en la vida de Job, y lo que la hace diferente a la historia de Adán y Eva es que Job culpa de sus tribulaciones a Dios mismo.

Job era un rico hacendado a quien la Biblia describe así: «Entre todos los habitantes del oriente era el personaje de mayor renombre» (Job 1:3). Además de su gran riqueza, la Biblia también lo describe como un hombre de carácter admirable: «un hombre íntegro e intachable que temía a Dios y vivía apartado del mal» (1:1). Entonces, cuando Job experimenta el sufrimiento y una pérdida profunda, precisamente esta descripción de sí mismo se convierte en una barrera en su relación con Dios.

Cuando Job le presenta a Dios su caso, y le detalla cómo todas esas circunstancias difíciles son injustificadas, se asegura de recordarle a Dios que él es intachable. Y es claro en su argumento de que, no solo estaba enojado por su sufrimiento, sino que cree que su justicia debió haber resultado en una vida más fácil, sin luchas ni pérdidas.

> «Si he andado en malos pasos
> o mis pies han corrido tras la mentira,
> ¡que Dios me pese en una balanza justa
> y así comprobará mi integridad! [...].
> Jamás he desoído los ruegos de los pobres
> ni he dejado que las viudas desfallezcan;
> jamás el pan me lo he comido solo,
> sin querer compartirlo con los huérfanos.
> Desde mi juventud he sido un padre para ellos;
> a las viudas las he guiado desde mi nacimiento».
> (Job 31:5-6, 16-18)

En esencia, lo que Job dice es: «¿Qué razón podría haber para tanto sufrimiento cuando soy bueno e intachable en todo?». Al final, hasta los amigos íntimos de Job dejan de aconsejarlo, viendo que es inútil, ya que Job se ve por encima de todo reproche: «Al ver los tres amigos de Job que este se consideraba un hombre justo, dejaron de responderle» (Job 32:1). En cambio, si hay algo que la historia de Job nos enseña, es que nuestra justicia es nada en comparación con la santidad de Dios. La santidad de Dios demanda que confrontemos nuestro propio quebrantamiento y reconozcamos que *nosotros* somos el problema. No es hasta que Job se encuentra con la santidad de Dios que por fin se ve por lo que es en verdad: indigno.

El Señor dijo también a Job:

«¿Corregirá al Todopoderoso quien contra
él contiende?
¡Que responda a Dios quien se atreve a acusarlo!».

Entonces Job respondió al Señor:

«¿Qué puedo responderte, si soy tan indigno?
¡Me tapo la boca con la mano!
Hablé una vez y no voy a responder;
hablé otra vez y no voy a insistir». (Job 40:1-5)

Dios se toma su tiempo para mostrarle a Job cuán grande es Él, Dios, y cómo sus planes no siempre serán compatibles con los de Job (Job 38:41). En otras palabras, Dios no encaja en el molde de Job. Y Dios no se ajustará a las expectativas humanas de Job sobre cómo cree que debería recompensarse por su buen carácter o sus buenas obras. Cuando por fin Job comprende su justicia en comparación con la santidad de Dios, le dice:

«Yo sé bien que tú lo puedes todo,
que no es posible frustrar ninguno de tus planes.
"¿Quién es este —has preguntado—,
que sin conocimiento oscurece mi consejo?".
Reconozco que he hablado de cosas que no
alcanzo a comprender,
de cosas demasiado maravillosas
que me son desconocidas.
»Dijiste: "Ahora escúchame, yo voy a hablar;
yo te cuestionaré y tú me responderás".

De oídas había oído hablar de ti,
pero ahora te veo con mis propios ojos.
Por tanto, me retracto
y me arrepiento en polvo y ceniza». (Job 42:2-6)

Sabemos que estamos en camino de comprender nuestra verdadera condición ante Dios cuando reconocemos nuestra pecaminosidad y admitimos que estamos perdidos. Entonces, nos damos cuenta de lo que somos capaces de veras, y no de buena forma, y decidimos aferrarnos a Dios en *su* bondad en vez de la nuestra. Tras su encuentro con Dios, Job se sintió profundamente humillado. ¡Pasó de jactarse de su integridad a decir que tenía en poco su propia vida!

Al igual que Job, cuando nos vemos frente a la adversidad, nuestros errores o las consecuencias de nuestro propio egoísmo, nuestro ego lucha para protegerse desviando la responsabilidad de nuestras circunstancias hacia otros. Nos parece desafiante enfrentarnos a nuestras propias faltas, debilidades o pecados, temiendo que tal reconocimiento pueda manchar la fachada de perfección que tratamos de mantener.

Afirmar nuestra propia inocencia culpando a los demás, a nuestras circunstancias o a Dios, puede verse como un mecanismo de defensa, una forma de preservar nuestra autoimagen y escapar de la incomodidad de reconocer nuestra verdadera condición. Al desviar la culpa de nosotros, nos protegemos con un falso sentido de superioridad, convenciéndonos de que somos impecables y merecedores de un mejor trato.

Tanto la autoimportancia desmedida como la culpa son barreras que estorban el crecimiento personal y entorpecen las relaciones. El progreso está en entender nuestra verdadera condición ante Dios, practicar la humildad y estar dispuestos a aprender de nuestros errores. Así es como empezamos a adoptar la generosidad que todo matrimonio necesita para prosperar.

Corazones puestos en Cristo

Cuando comenzamos a entender la santidad de Dios, ya no servimos a Dios, a los demás ni a nuestro cónyuge para obtener cosas para nosotros mismos. En cambio, elegimos servir a Dios porque queremos conocerlo, deleitarnos en Él y estar cerca de Él. En lugar de usar a Dios para obtener lo que creemos merecer por nuestros propios méritos, queremos que Dios nos use para sus propios propósitos.

Esta misma dinámica se traduce de manera maravillosa en un matrimonio piadoso. Si tanto tú como tu cónyuge no están dispuestos a reconocer su propio egoísmo y quebrantamiento, toda la comunicación del mundo no va a resolver sus problemas. No obstante, si tienes una visión humilde de ti mismo, deseas satisfacer las necesidades de tu cónyuge y buscas la bondad de Dios para ambos, eso te llevará a un servicio amoroso y sacrificado. De esa manera, en lugar de preguntarte: *¿Por qué mi cónyuge no puede ser más ____________ para mí?*, lo natural es que te preguntes: *¿Cómo podemos glorificar mejor a Dios juntos?*

Al emprender este viaje para comprender la santidad de Dios y aceptar la abnegación, espero que descubras el poder transformador que Él tiene para ti, tanto a nivel individual como en pareja. Con Dios en el centro del matrimonio, sus corazones y su relación están listos para florecer, y podrán adoptar el alegre propósito de glorificar juntos a Dios en cada aspecto de su viaje.

Reflexión

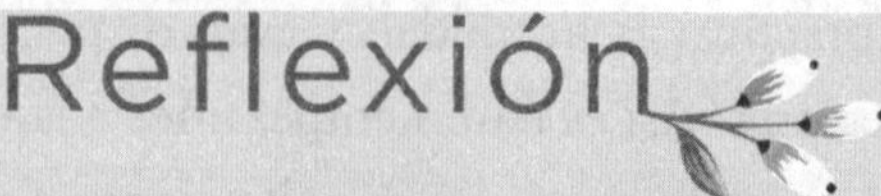

- Ahna y Brian no estaban de acuerdo en lo que pensaban que era el asunto de sacar la basura, pero detrás de todo eso estaba la raíz del egoísmo. Cuando consideras los conflictos recientes con tu cónyuge, ¿cómo describirías la raíz de egoísmo que está por debajo? ¿Qué prioridad le dio cada uno a su propio interés?
- La autoimportancia desmedida nos lleva a creer que somos buenos en general, que tenemos buenas intenciones y que casi siempre somos mejor que otros. ¿De qué manera, si es que hay alguna, reconoces esta mentalidad en ti? ¿Cómo te ha llevado al conflicto en el matrimonio?
- A menudo usamos la culpa para desviar la responsabilidad de nuestras circunstancias hacia otros. ¿Cuándo fue la última vez que culpaste a Dios o a otros por lo que estabas pasando? ¿Cómo intentabas protegerte o evitar enfrentarte a tus propios defectos, debilidades o errores?
- Aceptar el egoísmo incluye comprender nuestra propia condición ante Dios, practicar la humildad y estar dispuestos a aprender de nuestros errores. ¿Qué te viene a la mente cuando piensas en aplicar estas cosas a tu matrimonio?

Pídele a Dios que:

- te ayude a cultivar una opinión realista y humilde de ti mismo.
- te ayude a servir de manera sacrificial en tu matrimonio y darle prioridad a glorificar a Dios en tu relación.
- te revele el egoísmo en tu corazón y te ayude a darle prioridad a su voluntad y a las necesidades de tu cónyuge por encima de tus propios deseos.
- te permita ver a tu cónyuge como lo ve Dios y amarle con el mismo amor sacrificial que Cristo te mostró a ti.

CAPÍTULO 3

Nunca lo haría

Estaba a punto de terminar los últimos retoques en mi nueva oficina en casa. Nuestra hija de un año, Evy, gateaba alrededor del escritorio, y David, de tres años, saltaba de un cojín a otro en el sofá cercano. Los miré y sentí un pequeño dolor en el pecho que empezaba a crecer, pero luego seguí adelante con rapidez y terminé de organizarlo todo.

Al día siguiente, comenzaría mi «verdadero trabajo», uno que podía hacer desde casa, y quería estar lo más preparada posible. Todo tenía que estar perfecto y funcionando con fluidez. La idea de que algo saliera mal o les pareciera mal a mi nuevo jefe y a mis colegas me aterraba. Así que mientras más preparada me sentía, más confianza sentía también.

Tengo que decir la verdad, aunque todavía podía usar mis pantalones de ejercicios a las reuniones matutinas del lunes, y ayudar a preparar el almuerzo de los niños en la tarde, estaba reacia a volver a entrar al mundo corporativo, y esperaba que el trabajo solo fuera temporal. Cuando Josh perdió su empleo un par de meses antes, y encontrar uno nuevo era difícil, decidí aceptar uno y ayudar en las finanzas de la familia mientras tanto.

Un año más tarde, no solo todavía tenía el trabajo, ¡me encantaba! Josh y yo habíamos cambiado papeles de manera oficial de padre en casa y sostén. Sin embargo, el ligero dolor en el pecho que sentí cuando miré a Evy y David nunca me abandonó. Es más, creció.

Mantenía a Josh despierto hasta tarde en la noche, pensando a través de las lágrimas, tratando de manipular escenarios donde podría trabajar menos y estar más tiempo con los niños. Sin embargo, en todos esos escenarios, cerrábamos el círculo. Con mi carrera recién descubierta, era un hecho que tenía mucho más potencial que Josh de ganar más dinero. También estábamos tratando de ahorrar dinero para comprar nuestra primera casa, y no podía desechar ese sueño.

Todo lo que quise ser fue quedarme en casa con los niños. Y aunque estaba muy orgullosa de mis logros, anhelaba algo que no podía tener. Así que seguía trabajando y Josh continuaba siendo el principal cuidador de los niños.

Pasaron más meses, y el dolor y la tristeza en mi pecho se convirtieron en amargura. Miraba a Josh con resentimiento. *¿Cómo es posible? ¿Cómo puede arrebatarme ese sueño? Nunca le haría eso a él. Hubiera encontrado la manera*.

La mayoría del tiempo mi ira quemaba como una brasa tenue, pero podía encenderse con facilidad con el más leve desacuerdo, inconveniencia o recordatorio de que lo que quería nunca sería mi realidad. Aunque era invisible para mí en ese momento, mi orgullo crecía junto con mi resentimiento, lo que me llevó a pensar que era la mejor persona de la relación, y esto nubló mi percepción tanto de Josh como de mí.

Una percepción nublada

El autor Stephen Covey tiene una cita poderosa acerca de la percepción nublada: «Nos juzgamos a nosotros mismos por nuestras intenciones y a los demás por su conducta»[1]. Cuando leí esto por primera vez, pensé: *Dios mío, ¡sí! ¡Esto es muy cierto!* Y aunque quise creer que yo, desde luego, soy la excepción de la regla, sabía que también lo hacía.

Lo que quiero decir es que, cuando alguien nos hace mal, ¿qué es lo primero que pensamos? Si alguien me hace mal, voy directo a Josh, golpeo la encimera, y digo: «¡No vas a *creer* lo que me acaba de suceder!». O si Josh es el que cometió la falta, tiendo a quejarme como una víctima mientras le dejo caer sublimes insinuaciones de las cosas que «no están bien entre nosotros» y que él necesita remediar lo que hizo. Y es probable que no esté sola en esto.

Nos encanta sentir que nunca nos rebajaríamos al nivel de [*llena el espacio en blanco con cualquier acción que creemos que está por debajo de nosotros*]. Y todos lo hacemos. Los miembros de partidos políticos opuestos se miran y piensan: *Nunca hubiera votado así.* Los hijos miran a los padres y piensan: *Nunca hubiera castigado a mis hijos.* Los padres miran a otros padres y piensan: *Nunca hubiera dejado que mis hijos se comporten así.* Y esposo y esposa se miran y piensan: *Nunca hubiera tratado a alguien así* o *Hubiera hecho las cosas de mejor manera.* Sin embargo, en todo este tiempo no nos ponemos en los zapados de otros, no entendemos el contexto mayor que rodea sus decisiones, no comprendemos

1. Stephen Covey, *La velocidad de la confianza: El valor que lo cambia todo*, Paidós, un sello editorial de Espasa Libros, Barcelona, España, 2011, p. 37.

los matices alrededor de su situación, ni consideramos cómo su trasfondo pudo influir en la decisión o la acción.

¿De dónde sale este impulso de «Nunca lo haría»? Es sencillo: del orgullo. El orgullo nos susurra al oído y nos dice que no somos tan malos como los demás, en *especial* los que necesitan nuestro perdón.

Esta clase de orgullo puede constituir un reto específico para los que crecimos en la iglesia. Recuerdo la vez que mi pastor de jóvenes me pidió que contara mi testimonio en una reunión. Había escuchado testimonios de la gracia de Dios en vidas de cristianos que vencieron cosas como adicciones, sentencias de cárcel y pecados secretos. Siempre me maravillaba cómo la gracia de Dios obraba en sus vidas de manera tan obvia y poderosa. Todos podían ver cómo la gracia de Dios los transformó, era tan claro como el día.

Sin embargo, ¿qué pasa conmigo? Me crie en una familia cristiana y tenía miedo hasta de regresar a casa después de la hora marcada. Claro que sabía que Dios me salvó del pecado, pero no tenía un testimonio dramático que lo probara. No fui tan mala como ellos, y me parecía que mi vida no había cambiado tanto. Le dije a mi pastor que no me sentía digna de contar mi testimonio.

De lo que no me di cuenta entonces es que mientras decía que no era digna de contar la historia de cómo Cristo había obrado en mi vida, mi orgullo no me dejaba darme cuenta total de cuánto *necesitaba* esa salvación; de que no había diferencia entre mi condición espiritual y la condición espiritual de otros con testimonios más trágicos.

Años después, cuando luchaba por no ser la madre que se queda en casa con los niños, fue ese mismo orgullo el que me convenció de que *yo* nunca le hubiera hecho eso a Josh. Y es el mismo orgullo que nos hace pensar a todos: *Sí, sé que necesito perdón, pero estas personas (mi vecino, mis padres, mi cónyuge), lo necesitan en realidad.*

La buena noticia es que mucho antes de poder reconocer el orgullo en nosotros, Dios sabía que estaba allí. Él conocía la gravedad de nuestra situación, que no teníamos la habilidad de salvarnos a nosotros mismos y que no teníamos idea de cuánto necesitábamos la salvación. El apóstol Pablo escribió acerca de esto hace unos dos mil años en su carta a los creyentes de la iglesia de Éfeso:

> Antes ustedes estaban muertos a causa de su desobediencia y sus muchos pecados. Vivían en pecado, igual que el resto de la gente, obedeciendo al diablo —el líder de los poderes del mundo invisible—, quien es el espíritu que actúa en el corazón de los que se niegan a obedecer a Dios. Todos vivíamos así en el pasado, siguiendo los deseos de nuestras pasiones y la inclinación de nuestra naturaleza pecaminosa. Por nuestra propia naturaleza, éramos objeto del enojo de Dios igual que todos los demás. Pero Dios es tan rico en misericordia y nos amó tanto que, a pesar de que estábamos muertos por causa de nuestros pecados, nos dio vida cuando levantó a Cristo de los muertos. (¡Es solo por la gracia de Dios que ustedes han sido salvados!). Pues nos levantó de los muertos junto con Cristo y nos sentó con él en los lugares celestiales, porque estamos unidos a Cristo Jesús. De modo que, en los tiempos futuros, Dios puede ponernos como ejemplos de la increíble riqueza de la gracia y la bondad que nos tuvo, como se ve en todo lo que ha hecho por nosotros, que estamos unidos a Cristo Jesús.

> Dios los salvó por su gracia cuando creyeron. Ustedes no tienen ningún mérito en eso; es un regalo de Dios. La salvación no es un premio por las cosas buenas que hayamos hecho, *así que ninguno de nosotros puede jactarse* de ser salvo. Pues somos la obra maestra de Dios. Él nos creó de nuevo en Cristo Jesús, a fin de que hagamos las cosas buenas que preparó para nosotros tiempo atrás. (Efesios 2:1-10, NTV, énfasis añadido)

Pablo comienza diciendo que estábamos *muertos* espiritualmente. Los muertos no pueden pedir ayuda; no pueden trabajar más duro para ganar la aprobación de Dios; y de seguro que no se pueden salvar a sí mismos. Son inútiles de manera completa y total. Sin embargo, en su misericordia, Dios nos levantó a ti y a mí (no solo a los que sufren con adicciones, sentencias de cárcel o pecados secretos) de entre los muertos cuando Jesús resucitó de entre los muertos y nos sentó en lugares celestiales. Fíjate en cómo todos los verbos están en tiempo pasado. En otras palabras, no queda nada *por* hacer. Tu lugar, y el lugar de cada creyente, junto al Padre ya está asegurado.

¿Por qué lo hizo Dios así? ¿Por qué hizo las cosas para que nosotros no tuviéramos que ganar nuestro lugar junto a Él en el cielo? *Así que ninguno de nosotros puede jactarse.* Lo hizo justo para que nadie pudiera darse crédito *alguno* por nuestra salvación y nuestra relación con Dios. Tanto si fuiste cristiano desde joven y has vivido la mayor parte de tu vida tratando de honrar a Dios, como si has pasado la mayor parte de tu vida en pecado y rebelión, en algún momento estuviste muerto por completo y sin remedio en el pecado. Se te ha devuelto a la vida solo por medio de Cristo.

Si te hace sentir mejor, no somos la primera generación de personas que se han olvidado de su desesperada necesidad de la gracia de Dios en su vida. Veamos cómo respondió Jesús a varios líderes religiosos moralistas cuando lo confrontaron con una mujer que evidentemente vivía en pecado:

> Al amanecer se presentó de nuevo en el Templo. Toda la gente se le acercó, y él se sentó a enseñarles. Entonces, los maestros de la Ley y los fariseos llevaron a una mujer sorprendida en adulterio y, poniéndola en medio del grupo, dijeron a Jesús:
>
> —Maestro, a esta mujer se le ha sorprendido en el acto mismo de adulterio. En la Ley Moisés nos ordenó apedrear a tales mujeres. ¿Tú qué dices?
>
> Con esta pregunta le estaban tendiendo una trampa, para tener de qué acusarlo. Pero Jesús se inclinó y con el dedo comenzó a escribir en el suelo. Y como ellos lo acosaban a preguntas, Jesús se incorporó y les dijo:
>
> —Aquel de ustedes que esté libre de pecado, que tire la primera piedra.
>
> E inclinándose de nuevo, siguió escribiendo en el suelo. Al oír esto, se fueron retirando uno tras otro, comenzando por los más viejos, hasta dejar a Jesús solo con la mujer, que aún seguía allí. Entonces él se incorporó y le preguntó:
>
> —Mujer, ¿dónde están? ¿Ya nadie te condena?
>
> —Nadie, Señor.
>
> Jesús dijo:
>
> —Tampoco yo te condeno. Ahora vete, y no vuelvas a pecar. (Juan 8:2-11)

Me parece interesante que los líderes religiosos más viejos fueron los primeros en reconocer que no habían vivido una vida sin pecado. Es evidente que tenían una opinión mucho más realista de sí mismos y sus imperfecciones. Sin embargo, fueron estos mismos fariseos, los líderes que habían dedicado su vida a ganar la salvación apegándose a la Ley, los primeros que acusaron a esta mujer de pecado. Su propio pecado nubló su autopercepción y su forma de pensar de otros al punto de no poder siquiera ver su propia necesidad de gracia tanto como esta mujer. Jesús les tuvo que recordar que, aunque nuestro pecado puede parecer diferente, todos nacimos separados de Dios y necesitamos la gracia de Dios.

Jesús pasó tiempo con quienes sabían que lo necesitaban

Hay muchas historias en los Evangelios donde Dios, a propósito, pasa tiempo con personas consideradas pecadoras: recaudadores de impuestos, prostitutas y otros marginados. Sin duda, hubo momentos cuando hasta los discípulos pensaron: *¿En qué pensará este al decidir andar con esta gente? ¿Y si alguien nos ve?* Y nosotros podríamos pensar igual. ¿Por qué Jesús le dio *prioridad* a ministrarles a los marginados y a los que sin ocultarse vivían en pecado? ¿No hubiera sido más fácil alcanzar a aquellos que ya trataban de ser justos?

Resulta que la respuesta es no. Es más, Jesús nos muestra que lo contrario es cierto. No son los justos, sino los que saben cuán lejos están de ser justos los que reciben mejor el evangelio. Y es la humildad, no el orgullo, lo que Jesús compara con la grandeza en el reino:

> Por ese tiempo, los discípulos se acercaron a Jesús y le preguntaron:
>
> —¿Quién es el más importante en el reino del cielo?
>
> Jesús llamó a un niño pequeño y lo puso en medio de ellos. Entonces dijo:
>
> —Les digo la verdad, a menos que se aparten de sus pecados y se vuelvan como niños, nunca entrarán en el reino del cielo. Así que el que se vuelva tan humilde como este pequeño es el más importante en el reino del cielo.
>
> »Todo el que recibe de mi parte a un niño pequeño como este, me recibe a mí. (Mateo 18:1-5, NTV)

Muy bien, desde fuera puede que no parezca que los niños pequeños y los marginados a los que Jesús atendía tuvieran mucho en común, pero Jesús no está de acuerdo. Él sabe que ambos grupos conocen su necesidad. Los niños y los marginados saben que necesitan ayuda. Se encuentran en una situación humilde y no se ponen unas gafas de color de rosa que les convenzan de que son lo suficientemente buenos por su cuenta, de que pueden salvarse y cuidarse a sí mismos.

Los marginados y los pecadores son quienes entienden de verdad el concepto de que están muertos en su pecado y separados de Dios. Y cuando Jesús los sana, de manera física, espiritual o ambas, se maravillan tanto de la gracia de Dios que lo celebran y glorifican a Dios por esto. Su gozo y gratitud son grandes debido a que entienden muy bien la magnitud de su necesidad de la gracia de Dios.

Podemos verlo también de esta manera. Digamos que vas a salir de viaje y le pides a un amigo que te cuide la casa y alimente a tu gato mientras estás fuera. Cuando regresas, tu amigo te envía un texto diciendo: «Eh, no fue mi intención husmear, pero mientras estaba en tu casa vi una cuenta sin pagar en el mostrador de la cocina, y bueno, decidí pagarla».

¿Cómo reaccionarías en esa situación? Se me hace que depende por completo de la cantidad de la cuenta. Si solo era la cuenta mensual de la Internet, podrías decir: «Ah, ¡gracias! ¡Qué amable!». En cambio, si tu amigo pagó tus préstamos de la universidad, la hipoteca o una deuda de tarjetas de crédito de cinco dígitos, es probable que digas algo así: «¿Bromeas? ¡Es una locura! ¿Por qué harías algo así? Dime qué puedo hacer por ti a cambio». En ambos casos, tu gozo y gratitud están en proporción con el tamaño del regalo.

Mientras más comprendemos cuánta gracia hemos recibido, más nos gozamos en que Dios nos dio esa gracia como un regalo que nunca hubiéramos podido ganar. No obstante, si el orgullo nos convence de que somos mejores que otros, de que solo necesitamos un poco de perdón cuando tropezamos aquí y allá, nunca experimentaremos todo el impacto de la gracia de Dios en nuestra vida. El orgullo distorsiona tanto nuestra opinión de nosotros mismos como de otros que nos pueden haber hecho daño, haciéndonos aparecer como si estuviéramos en un pedestal y que los demás son los que necesitan de veras la gracia de Dios.

No fue hasta que recordé lo mucho que necesitaba que me salvaran que pude verme a mí misma y a Josh con claridad. Sin embargo, el cambio no vino hasta que se lo pedí a Jesús. Le pedí que me humillara, que me recordara por cuánto me había perdonado y me ayudara a tener gracia y amar a Josh. Entonces, me di cuenta de dos cosas: (1) Josh no me había hecho daño alguno; solo que yo no era feliz en esa etapa de mi vida; y (2) mientras que pensaba: *Nunca lo haría*, me estaba engañando, creyendo que necesitaba menos gracia que él, aun si no lo hubiera dicho en voz alta. De nuevo: «Nos juzgamos a nosotros mismos por nuestras intenciones y a los demás por su conducta».

He visto este mismo tipo de autopercepción en muchas otras parejas. No puedo contar cuántos esposos y esposas me han escrito al blog para comentarme con mil palabras acerca de cuán terrible es su pareja. A menudo es algo así: «Fui cruel con ella ese día, pero solo porque tuve un mal día en el trabajo, ¡y ahora ella lleva veinticuatro horas sin hablarme, y está exagerando mucho y poniéndose muy dramática!».

El caso es que tanto el esposo como la esposa son orgullosos cuando creen que, en esencia, el otro es peor que ellos. Y mientras estén atrapados en esa percepción, no están nada cerca de reconocer que también necesitan el perdón de su cónyuge. Por supuesto, hay veces que nuestro cónyuge peca contra nosotros o nos hace daño cuando no hemos hecho nada malo. Sin embargo, lo que la Biblia nos pone en claro es que de la misma manera que nuestros cónyuges deben arrepentirse y buscar el perdón, también nosotros tenemos el llamado a ser humildes y perdonar, recordando que nos han perdonado por mucho.

Pude recordar lo importante que es tener esta clase de humildad en el matrimonio una vez cuando Josh y yo estábamos en un viaje misionero hace algunos años. En un momento durante el viaje, conversábamos con nuestros amigos, uno de ellos era nuestro pastor. Cuando la conversación entró en el tema de mi blog de matrimonio, uno de nuestros amigos me preguntó cómo me mantenía al día tratando de dar sugerencias útiles a tantos problemas complicados de los que me escribía la gente. Le dije: «A decir verdad, no es tan complicado como piensas. Hay muchos problemas complicados, pero todos tienen la misma solución: creer que Dios y su gracia es todo lo que necesitas». A eso, el pastor dijo en voz alta: «¡Amén!».

En un principio, me sorprendió, pues no pensé haber dicho algo novedoso. En cambio, al reflexionar más tarde, pensé: *Sí, eso es muy importante. No solo estar contentos en Cristo, sino regocijarnos en Cristo por el hecho de haber pasado de muerte a vida cambia toda la perspectiva de la vida, por no hablar del matrimonio, en especial cuando llega el momento de perdonar a los demás.*

Por eso los recaudadores de impuestos y las prostitutas fueron tan receptivos a Jesús. Les resultaba fácil ver cuán separados estaban de Dios y cuánto necesitaban la gracia. Cuando vemos lo lejos que estamos de Dios, lo indignos que somos de su perdón, y de cuánto nos han perdonado, el perdonar a otros es mucho más sencillo y fácil.

Arranca el orgullo desde las raíces

El orgullo es lo que nos hace decir: *No soy como ellos. Nunca lo haría.* Sin embargo, la gracia nos hace decir: «En realidad, eres como ellos, y lo hubieras hecho. Aun así, puedes contar conmigo». Y lo maravilloso es que todos tendemos a olvidar que Cristo, quien es el único que pudo haberse jactado por su justicia, nos dio el ejemplo supremo:

> Tengan la misma actitud que tuvo Cristo Jesús.
>
> Aunque era Dios,
> no consideró que el ser igual a Dios
> fuera algo a lo cual aferrarse.
> En cambio, renunció a sus privilegios divinos;

> adoptó la humilde posición de un esclavo
> y nació como un ser humano.
> Cuando apareció en forma de hombre,
> *se humilló a sí mismo* en obediencia a Dios
> y murió en una cruz como morían los criminales,
> ¡y muerte de cruz! (Filipenses 2:5-8, NTV,
> énfasis añadido)

A causa del sacrificio de Cristo es que podemos cobrar vida y tener un lugar reservado para nosotros en el cielo con Jesús junto al Padre. Cristo eligió la gracia para nosotros, para nuestros cónyuges y para cualquiera que la acepte. Y aceptar esa gracia trae gran libertad y confianza. El pastor y autor Timothy Keller hizo este comentario en su libro *¿Es razonable creer en Dios?*:

> El evangelio cristiano nos hace ver que nuestra imperfección es tan grande que Jesús tuvo que morir por nosotros, pero al mismo tiempo Jesús me ama y me aprecia tan profundamente que estuvo dispuesto a morir para remediarlo. El así entenderlo nos mueve a la vez a una profunda humildad y a una sublime confianza. [...] Ya no es posible sentirse superior a nadie, pero tampoco hay por qué demostrar nada extraordinario uno mismo. Uno no se siente más, pero tampoco hay que sentirse menos[2].

Saber que somos destinatarios de una gracia que no merecemos puede ser motivo de mucho gozo: gozo cuando sufrimos o alguien nos ha hecho mal, y gozo cuando las cosas van bien. La gracia nos

---

2. Timothy Keller, *¿Es razonable creer en Dios?: Convicción, en tiempos de escepticismo*, B&H Publishing Group, Nashville, TN, 2017, pp. 200-201.

permite tener una opinión humilde de nosotros, y no mirar a otros con desdén o sentirnos mejores que los demás, sino mirar a Cristo y vivir asombrados de la grandeza y misericordia de Dios.

Reflexión

- ¿Puedes recordar alguna situación reciente cuando pensaste: *Nunca lo haría*? ¿Qué te revelan esas situaciones acerca de cómo ves tu situación espiritual actual y tu necesidad de gracia?
- ¿Qué te viene a la mente cuando consideras la declaración de Stephen Covey: «Nos juzgamos a nosotros mismos por nuestras intenciones y a los demás por su conducta»? ¿De qué manera, si se aplica, reconoces esta dinámica en tu matrimonio?
- ¿Cómo describirías tu conciencia de tu necesidad de gracia en esta etapa de tu vida? Por ejemplo, ¿tu conciencia es la más alta que jamás hayas tenido, la más baja o está en un punto intermedio? ¿Por qué?
- ¿Qué te viene a la mente cuando piensas en extenderle más gracia a tu cónyuge? ¿Qué hace esto más o menos fácil o difícil de hacer?
- ¿Cómo quisieras que tu esposo te mostrara más gracia?

Oración

Pídele a Dios que te dé:

- una mejor comprensión de la gracia y del amor de Dios, y la capacidad de extender esa misma gracia y amor a tu cónyuge y a otros en tu vida.
- la fortaleza para perdonar a otros como Cristo te perdonó a ti, a fin de poder crecer en tus relaciones, en especial con tu cónyuge.
- la fortaleza para resistir el orgullo y reconocer tus propias faltas, de modo que logres crecer en tu relación con Dios y tu cónyuge.

CAPÍTULO 4

Cuando surge el enojo

¿Es posible doblar la ropa de forma amenazante? Si es así, estoy bastante segura de que lo he hecho. Es más, puede que incluso lo haya convertido en una habilidad desarrollada con sumo cuidado, una que creía estar aprovechando hace poco.

Era un domingo por la tarde y los Halcones Marinos de Seattle acababan de anotar. Estaba de pie directamente entre el televisor y mi esposo, que estaba tirado en el sofá, mientras que yo doblaba de manera agresiva la camiseta que usó el día anterior.

Mis pensamientos se enconaban mientras trataba de que Josh hiciera contacto visual conmigo. *Me pregunto si sabe cómo su ropa termina en su gaveta. Es como si no se diera cuenta de todo lo que hago por él.* Estaba convencida de que si hacíamos contacto visual, él despertaría de su ajeno estupor de relajamiento y fútbol de domingo, me pediría disculpas por no ayudarme antes y saltaría para hacerlo. Después de todo, el fin de semana no solo es para relajase; es para hacer todo lo que hay que hacer y no se puede durante la semana. Todo el mundo lo sabe.

Después de doblar más ropa de forma amenazante y varios intentos fallidos de cruzar la mirada, comencé a resollar y resoplar cada vez con más volumen para romper el constante zumbido de los comentadores deportivos.

«Uf, ¿estás bien?», dijo Josh, mirándome por fin.

Inhalé y dije: «Solo quisiera no tener que pedirte que me ayudes». Exhalé exasperada. Por fin logré mi momento, excepto que no me sentí tan satisfecha como pensé que me sentiría.

Su mirada lo dijo todo: *Está bien, aquí vamos de nuevo.*

Y tenía razón.

Sí, me ayudó a terminar el lavado de la ropa ese día, pero ambos estábamos enojados, y nadie estaba relajado. La discusión que siguió no solo arruinó su disfrute del juego de los Halcones Marinos, sino el resto del día.

Segamos lo que sembramos

Todos tenemos ideas en la cabeza de con cuánta seguridad *deben* marchar las cosas. Si te consideras más bien una persona de tipo A, alguien que va por delante y que, en general, prefiere una vida más estructurada, de seguro que tienes algunas ideas sobre cómo debería ser tu día a día, quién es responsable de qué en tu familia y cómo deberían hacerse ciertas cosas (como cargar el lavavajillas). Sin embargo, incluso quienes nos consideramos del tipo B, que preferimos un enfoque más flexible de la vida, tenemos límites que, cuando se traspasan, nos irritan. Si alguien es inflexible, testarudo o poco comprensivo, puede ponernos los pelos de punta.

También he descubierto que mientras más pensamos que un asunto es blanco y negro, con más rapidez nos enojaremos por esto, lo cual tiene sentido. No reaccionarías de la misma manera si tu esposo se olvida de poner la ropa mojada en la secadora que si llega a casa con cuatro horas de retraso sin contestar ninguno de tus textos mientras tanto. Eso se debe a que puedes entender que, sí, olvidarse de la ropa molesta, pero a ti se te olvidó también. Entonces, ¿cuatro horas de retraso sin siquiera un texto? Eso es un caso de ofensa en blanco y negro. Ni siquiera te imaginas hacer algo así, y te enojas al instante.

Todos conocemos ese sentido de enojo que va creciendo dentro de nosotros. A veces es un gotear constante mientras observamos acciones molestas (como olvidar poner la ropa en la secadora), que causa una explosión al final; otras veces es una simple chispa la que causa la explosión.

¿Cuándo te das cuenta de que te comienzas a enojar? ¿La vez en que tu cónyuge es desconsiderado? ¿Incoherente? ¿Cada vez que no valora lo que es importante para ti? Cualquiera que sea la causa, el escritor del Evangelio, Lucas, nos ayuda a ver el verdadero origen del enojo. Nos deja mirar detrás del velo para fijarnos en el verdadero causante del enojo: «El que es bueno, de la bondad que atesora en el corazón produce el bien; pero el que es malo, de su maldad produce el mal, porque de lo que abunda en el corazón habla la boca» (Lucas 6:45).

Para ser claros, la Biblia no iguala todo el enojo con el pecado. Por ejemplo, Santiago no dice que nunca debemos enojarnos, lo cierto es que dice que debemos ser «rápidos para escuchar, lentos para hablar y lentos para enojarse» (Santiago 1:19, NTV). Sin embargo, cuando se menciona el enojo en la Biblia, a menudo se nos pide que examinemos su causa. La declaración de Jesús en Lucas 6 aclara que todo lo que sale de nuestra boca, incluso el enojo, es un desbordamiento del corazón. Dicho de otro modo, las palabras y las acciones de enojo resultan de lo que se desborda del corazón. Entonces, ¿qué *es* con exactitud el desbordamiento?

Digamos que una noche, antes de dormir, los niños nos piden a Josh y a mí que los llevemos al parque en la mañana. Nos miramos, nos encogemos de hombros y decimos: «Sí, está bien». Lo siguiente que sabemos es que los niños están como *locos*. Tienen los ojos como platos, saltando por la cama, y tardamos entre veinte y treinta minutos en conseguir que se calmen y que se duerman al final.

A la mañana siguiente llueve a cántaros. No solo eso, sino que también se ven destellos de rayos en el cielo cada pocos minutos. Les decimos a los niños: «Lo sentimos, chicos. Queríamos ir al parque, pero no será posible en medio de una tormenta eléctrica. Hoy nos tenemos que quedar adentro».

Están devastados, enojados y resentidos. Cualquiera pensaría que les dijimos que les quedaban treinta días de vida. Sin embargo, los niños son así; carecen de la perspectiva para ver que no ir al parque esa mañana en particular no es el fin del mundo. Podríamos disfrutar de la compañía mutua de otra manera: una noche de cine en familia, construyendo fuertes con mantas, haciendo manualidades.

El problema es que, si bien es posible que como adultos no recurramos a los berrinches, sí nos puede resultar extremadamente difícil afrontar las cosas cuando no salen como esperábamos. Y eso es lo que se desborda, las emociones que sentimos cuando no podemos asegurar lo que deseamos de veras. ¿Cómo respondemos cuando la vida no resulta ser lo que siempre soñamos? ¿Con temor, ira, tristeza o amargura? ¿O con paz, contentamiento en el conocimiento de que, sin importar cuál sea nuestra situación actual, Dios es bueno y suplirá nuestras necesidades?

Prestémosles atención a nuestros deseos

Nos mueven multitud de deseos, algunos de los cuales pueden permanecer constantes a lo largo de nuestra vida, mientras que otros cambian de un momento a otro o de una estación a otra. Más allá de nuestras necesidades básicas de alimento, agua y refugio, quizá anhelemos el respeto de otros, la comodidad del descanso después de un largo día o el sentimiento de seguridad que viene de sentirnos cuidados. Algunos deseos son físicos, y otros son emocionales y psicológicos, como el deseo de amor, admiración o pertenencia.

Los deseos son parte esencial de nuestra vida, y nos motivan para ir tras nuestras metas, felicidad y satisfacción. Son lo que impulsa nuestro anhelo de logro y propósito. Sin embargo, cuando se frustran nuestros deseos, experimentamos una amplia gama de emociones: desde una frustración menor hasta el desaliento, el enojo o la tristeza.

No solo eso, sino que a menudo tratamos de aferrarnos más a lo que queremos cuando pensamos que lo podemos perder. La historia mía y de Josh con la ropa es un ejemplo sencillo, si no ingenuo. Me sentía enojada, pues sentía que la tarea de la ropa no debía ser solo mi responsabilidad. Y lo cierto es que no lo era. En cualquier otro momento, Josh me hubiera ayudado con gusto. La montaña de ropa me estaba comenzando a enojar, y decidí doblarla justo en el momento en el que Josh descansaba. Además, estaba celosa de que Josh descansara y yo no. Y como pensé que me obligaban a escoger entre tener una casa limpia y descansar un domingo por la tarde, me aferré a ambos deseos enojándome aún más con Josh por no ayudarme a lograr lo que quería cuando lo quería. Sin embargo, a menudo hay situaciones mucho más pesadas en las que el enojo puede apoderarse de nosotros cuando empezamos a ver que se nos escapa lo que deseamos.

Nuestros queridos amigos Jake y Kaitlyn lucharon contra la infertilidad durante años. Desde entonces, Dios los ha bendecido con dos hermosas niñas, pero en su lucha por concebir, nos contaron que se vieron obligados a considerar si tener un bebé solucionaría de veras lo que sentían que les faltaba en sus vidas. Durante ese tiempo difícil en extremo, pudieron haber dejado que el dolor los alejara de Dios y el uno del otro con enojo. En cambio, estaban decididos a aferrarse a la esperanza que tenían en Cristo, aunque tener un hijo fuera o no parte de su vida. Se dieron cuenta de que debían someter sus deseos a Cristo y a su voluntad. Cuando por fin tuvieron hijos, se sintieron aún más bendecidos de que Dios les diera tal maravilloso regalo, uno que sabían que nadie les había prometido y que no eran merecedores de lo que querían.

Puede parecer que estoy diciendo que tener deseos es el problema principal aquí. No es el caso, aunque Jesús enseñó acerca de renunciar a nosotros mismos y alejarnos de los deseos mundanos. Una de sus enseñanzas más conocidas es esta: «Si alguien quiere ser mi discípulo, que se niegue a sí mismo, tome su cruz cada día y me siga» (Lucas 9:23). Aun así, es importante notar que Dios no siempre espera que *no* tengamos deseos. Es más, Dios mismo desea tener una relación con nosotros. Y debido a que nos crearon a imagen de Dios, es natural que vayamos a tener deseos también. ¡Eso es un alivio!

Aunque los deseos en sí mismos no son pecado, cuando nuestros deseos terrenales toman la delantera de nuestro deseo de Dios, nos distraen del llamado de glorificar a Cristo. Y a veces hasta los deseos mejor intencionados nos pueden desviar del camino si los buscamos para nuestros propósitos personales. Cuando nuestros deseos ganan la batalla del corazón, se convierten en ídolos, y mantener el estándar de Cristo se convierte en algo secundario.

Mientras más tiempo pasamos con Cristo, meditando en la Palabra de Dios y acercándonos a Él, más se alinean nuestros deseos a los suyos. Cuando enfocamos el corazón para glorificar a Cristo, nuestros deseos son menos egoístas y se enfocan más en servir a otros. Comenzamos a valorar las cosas que Dios valora, como el amor, la gracia y la compasión. Y cuando mantenemos el estándar de Cristo para nosotros y los demás, vamos hacia el objetivo supremo de ser más semejantes a Él.

Cuando me enojé con Josh porque no abandonó de inmediato sus planes de ver el juego para ayudarme a doblar la ropa, estaba exigiendo que mi esposo se adaptara a *mi* estándar (cualquiera que fuera en ese momento), a fin de lograr lo que deseaba: una casa limpia donde me pudiera relajar. Claro, no tiene nada de malo querer una casa limpia, pero mi forma de abordar la situación me llevó al pecado del enojo.

Mira lo que dice Santiago acerca de esta dinámica:

> ¿De dónde surgen las guerras y los conflictos entre ustedes? ¿No es precisamente de las pasiones que luchan dentro de ustedes mismos? [...].
>
> Así que sométanse a Dios. Resistan al diablo y él huirá de ustedes. Acérquense a Dios y él se acercará a ustedes. ¡Pecadores, límpiense las manos! ¡Ustedes, los indecisos, purifiquen su corazón! (Santiago 4:1, 7-8)

Además de estar ciegos a nuestros motivos egoístas y nuestro orgullo, Santiago dice que también tenemos que batallar con deseos que constantemente *luchan* dentro de nosotros. Por ejemplo, el deseo por admiración lucha con el deseo de engrandecer a Dios. El deseo de descansar lucha con el deseo de estar presentes con nuestra familia. El deseo de controlar el resultado lucha con el deseo de entregarle el resultado a Cristo. Estas y otras luchas batallan en el corazón día a día, y si no se las entregamos a Cristo, por medio de la oración y pidiendo que se haga la voluntad de Cristo, inevitablemente nos llevarán al enojo y a las contiendas.

El ganador de nuestro corazón

Cuando escribo algo, me gusta que Josh lo lea, a fin de poder conversar acerca de lo que estoy haciendo; él es mi primer crítico. Después de leer este capítulo, me dijo que notara en la historia de la ropa que él debió haber sido más atento a mis deseos y anhelos en ese momento. Lo ideal es que hubiera dejado su deseo de mirar fútbol y nos hubiera puesto a mí y a nuestra relación antes de su deseo de descansar. Y tiene razón. En cada matrimonio que desee ser feliz, ambos cónyuges tendrán que entregar sus propios deseos de vez en cuando.

Sin embargo, la manera de lidiar con estos deseos conflictivos en el matrimonio no solo es a los de renunciar a tus deseos de modo que los deseos de tu cónyuge siempre aplasten los tuyos. La invitación es a que tanto tú como tu cónyuge se miren el uno al otro con los ojos bien abiertos. El objetivo es entender tus propios motivos para enojarte, entregárselos a Cristo, y entonces servirse el uno al otro en amor.

¿Quieres ayuda con la ropa? Eso no tiene nada de malo. Tampoco lo es el deseo de un matrimonio feliz, tener hijos un día o progresar en una carrera. Sin embargo, cuando dejamos que esos deseos nos dominen, podemos convertirnos en personas manipuladoras, resentidas y divisivas, y nada de eso honra a Dios.

Al final, necesitamos decidir el deseo que gobernará nuestro corazón: el deseo de ponernos primero a nosotros mismos y controlar los resultados, o el deseo de engrandecer a Dios en nuestra vida con el contentamiento de lo que Él *promete*. Esto no quiere decir que nuestro cónyuge y nuestra familia no deban mantenerse a la altura de ciertos estándares. Es más bien una cuestión de qué estándares estamos aplicando: ¿los nuestros o los de Cristo?

Escoger mantener nuestro estándar y el de nuestro cónyuge a la altura de Cristo, en lugar de los nuestros, es un reflejo externo de una determinación interna de que se cumpla la voluntad de Cristo, y no la nuestra, en nuestras vidas. Este cambio nos alinea a Cristo y nos permite madurar como creyentes mientras buscamos su voluntad para nuestra vida.

No cabe duda de que puede ser difícil examinar nuestros propios deseos y reconocer el momento en el que pueden estar controlando nuestro corazón o guiándonos hacia el enojo cuando no conseguimos lo que queremos. Sin embargo, al buscar alinearnos con Cristo y su voluntad, podemos tomar la decisión de cumplir con los estándares de Cristo en lugar de los nuestros. Siempre que practiquemos rendir todos nuestros deseos a Dios, Cristo será glorificado en cada aspecto de nuestra vida, y encontraremos contentamiento en sus promesas.

Reflexión

- Recuerda las últimas dos o tres veces que te enojaste con tu cónyuge. ¿Qué similitudes, si es que hay alguna, notas en esas situaciones? ¿Qué pistas te pueden dar acerca de los deseos que se están aplastando o que luchan dentro de ti?
- Considera los deseos que tienes para tu matrimonio, como la intimidad, mejor comunicación o pasatiempos en común. ¿Cómo te imaginas que la relación cambiaría si les dieras a esos deseos una prioridad que esté de acuerdo con las enseñanzas y los valores de Cristo?
- ¿A qué deseos ves que te aferras con fuerza, aun cuando están en conflicto con el plan de Dios?

Oración

Pídele a Dios que:

- te dé la habilidad de reconocer y afrontar los deseos subyacentes que te hacen enojar cuando no consigues lo que quieres.
- te ayude a alinear tus deseos a sus deseos para tu vida y tu matrimonio.
- te perdone por las veces que preferiste tus deseos a la voluntad de Dios.
- te dé la fuerza para que tú y tu cónyuge sigan los estándares de Cristo en lugar de los tuyos propios.
- te guíe y te dé discernimiento al entregar y someter tu voluntad a la voluntad de Dios.

PROFUNDICEMOS

Cultiva el corazón

Si estuvieras disfrutando un café con una amistad, es probable que no te moleste reconocer que a veces actúas de manera egoísta, orgullosa o airada, o que le pones un valor inmerecido a algunas cosas que no son Cristo mismo. Todos luchamos con esto en diferentes momentos de la vida, así que reconocerlo es fácil. Es más, sería problemático no poder reconocer que tenemos esas luchas.

Sin embargo, es más fácil reconocer estos asuntos en general que reconocerlos en el momento cuando causan la herida, el enojo y la desunión en el matrimonio. Esto se debe a que las emociones nos pueden cegar y no somos conscientes de cómo nuestras acciones afectan a nuestra pareja. Por lo tanto, es importante reflexionar después sobre esos momentos y aprender las lecciones que nos pueden enseñar, a fin de poder estar preparados para responder cuando surjan situaciones similares en el futuro. Hacer esto puede mejorar nuestra relación y podemos ser mejores parejas para nuestro cónyuge.

Ejercicio del diario: Practica la conciencia plena

Durante los próximos siete días, separa un tiempo al principio o al final del día para escribir cuándo luchaste con alguno de los cuatro asuntos que abarcamos en los capítulos anteriores: la idolatría, el egoísmo, el orgullo y el enojo. El objetivo no es acusarte, sino a ser más consciente de tus pensamientos, emociones y acciones en estas situaciones. La práctica de la conciencia plena te ayudará a reflexionar sobre estos momentos en el futuro y a dar pasos para realinear tu corazón con el corazón de Cristo.

Además, este ejercicio te ayudará a comprenderte mejor a ti mismo y a tus tendencias, así como a identificar los patrones o desencadenantes que contribuyen a estas experiencias negativas. Al tomarte el tiempo para observar y registrar tus dificultades, podrás adoptar un enfoque más proactivo hacia tu crecimiento personal y el fortalecimiento de tu matrimonio.

Escribe la entrada de diario en cuatro partes:

- **El evento detonante.** Reflexiona brevemente sobre las últimas veinticuatro horas: mañana, tarde y noche. Para cada parte del día, piensa en cualquier interacción que tuvieras con tu pareja que, por alguna razón, te pareciera inapropiada o que de seguro fuera negativa. Anota el evento (palabras, comportamientos, circunstancias) que desencadenó la experiencia negativa.
- **Comportamiento superficial.** El comportamiento superficial es tu respuesta inicial: lo que hiciste o dijiste en respuesta al evento desencadenante.

- **Problema subyacente.** Ora por cada circunstancia. Pídele a Dios que examine tu corazón y te revele cualquier problema subyacente de idolatría, egoísmo, orgullo o enojo. Anota cualquier idea que tengas sobre por qué te sentiste y reaccionaste de la manera en que lo hiciste.
- **Un nuevo enfoque.** Piensa en cómo podrías abordar situaciones similares de manera diferente en el futuro: con humildad, gracia, perdón y amor. Imagina estar en sintonía con Cristo mientras interactúas con tu cónyuge.

Por ejemplo:

- **El evento detonante:** *Mi esposo se fue esta mañana sin sacar la basura.*
- **Comportamiento superficial:** *Le pasé un texto enseguida, preguntándole por qué me dejó la basura a mí cuando sabía que estaba ocupada esa mañana.*
- **Problema subyacente:** *Reaccioné con enojo. Y también supuse lo peor de mi esposo, pensando que egoístamente me dejó la tarea a mí.*
- **Un nuevo enfoque:** *Una forma de mejorar esta situación es suponer lo mejor de mi esposo en vez de asumir que no le importo. Puedo pedirle a Dios que le ayude a ser más atento a mis necesidades y sus responsabilidades caseras. Puedo conversar con él acerca de por qué es importante para mí que recuerde sacar la basura. Suponiendo lo mejor de él, puedo decir: «Oye, sé que no fue tu intención, pero se te olvidó sacar la basura esta mañana.*

No quise que se amontonara durante la semana, así que la apilé toda y la puse en la calle, pero fue un reto, pues también tuve que preparar a los niños para la escuela. Como esto es algo que continúa sucediendo, ¿podemos pensar en formas que te ayuden a recordar para que no sea de nuevo mi responsabilidad en mañanas ocupadas?

Nota que si tu nuevo enfoque incluye hablar del asunto con tu cónyuge, prepárate con antelación pidiéndole a Dios que someta a Cristo Jesús todas las cosas: tus deseos, tus palabras, tu actitud y tus acciones. El objetivo de la conversación es abordar el asunto de forma que refleje el amor de Cristo por ti y tu cónyuge, y el deseo de unidad de Cristo.

Después de completar tus siete entradas de diario, revisa brevemente lo que anotaste cada día. Escribe otra entrada para reflexionar sobre las siguientes preguntas:

- ¿Qué semejanzas, si es que hay alguna, son evidentes en los eventos que provocan una reacción en mí?
- ¿Con cuál de estos cuatro asuntos lucho más: idolatría, egoísmo, orgullo o enojo? ¿Por qué?
- ¿Qué patrones malsanos o contraproducentes son evidentes en la forma en que interactuamos mi cónyuge y yo?
- ¿Cómo espero que un nuevo enfoque me ayude a crecer en lo personal y nos ayude como pareja a crecer juntos?

Una cosa que es importante tener clara es que mantener la paz y la armonía en tu matrimonio no es responsabilidad exclusiva tuya. Asumir ese papel conduciría a una unión extremadamente desequilibrada de dominio y sumisión. En cambio, debes esforzarte por mejorar todo lo que esté dentro de tu control. No puedes cambiar a tu cónyuge, pero puedes cambiarte a ti mismo.

Rendición de cuentas

Después de esforzarte por reconocer los aspectos de idolatría, egoísmo, orgullo y enojo, busca el apoyo de un amigo o amiga en quien puedas confiar. Pídele que te ayude a rendir cuentas por cualquier cambio que quieras hacer. Por ejemplo, puedes comenzar reuniéndose con regularidad para hablar acerca del progreso que haces en estas aspectos.

Cuando busques un compañero para rendir cuentas, busca a alguien que de veras te quiere ver madurar y tener éxito en tu relación con Cristo y en tu matrimonio. Esta persona debe ser confiable, que no juzgue y que esté dispuesta a decirte la verdad. En la primera reunión, establece expectativas claras y límites para la relación de rendición de cuentas. Esto puede incluir la frecuencia en que se llamarán entre sí, la manera en que se quieren comunicar y los aspectos específicos en que te quieres enfocar.

La rendición de cuentas puede ser un arma poderosa tanto para tu crecimiento personal como relacional. Cuando invitas a otra persona a que te ayude a rendir cuentas, asumes un papel activo en ser la persona que quieres ser y cultivar el matrimonio que quieres tener.

Sé el primero en cambiar

Cuando quieres que algo cambie en tu matrimonio, el mejor comienzo es tu propio corazón y tus propias acciones. Puede que esto sea difícil en extremo, en especial si eres la primera y única persona dispuesta a cambiar para mejorar. Sin embargo, te animo a que continúes haciendo lo que sabes que es el bien y le pidas a Dios fortaleza para el viaje. Aun si tu cónyuge no te acompaña desde el principio, tengo plena confianza de que antes que pase mucho tiempo percibirá el cambio en ti, lo que podría encender la chispa para desear el cambio también. Aun así, puede que necesites ayuda adicional, como consejería profesional. Hasta que llegues a ese punto, continúa sometiendo tus propios pensamientos y acciones a Cristo, y pídele de manera ferviente que obre tanto en tu corazón como en el de tu cónyuge.

SEGUNDA PARTE

LLUVIAS DE GRACIA

Todos los años, durante mi infancia, asistíamos a un campamento familiar cristiano en el norte del estado de Nueva York. Cada semana, el campamento traía a un predicador principal. Una semana, el predicador les pidió a todas las parejas casadas que se pusieran de pie, luego les pidió que se sentaran según el número de años que llevaban casados.

«Si llevan un año o menos de casados, siéntense», comenzó. Una pareja se sentó. Luego continuó en incrementos de cinco años, pidiéndoles a las parejas que llevaban casados cinco, diez, quince y demás que se fueran sentando. Al final, solo quedó de pie una pareja. «¿Cuántos años llevan de casados?», les preguntó el predicador. Resulta que esa semana estaban celebrando cincuenta años.

La próxima pregunta que el predicador le hizo a la esposa me sorprendió: «¿Cómo le gustan a él los huevos?».

«Revueltos, con sal y pimienta», respondió ella. Ni siquiera tuvo que pensarlo.

El predicador continuó explicando que después de cincuenta años de matrimonio, casi que uno sabe todo lo que hay que saber acerca del otro. Conoces cómo se levanta tu cónyuge en la mañana, si lo hace contento o si necesita terminar de tomar el café antes de hablarle a nadie. Sabes si conduce con rapidez o no, y qué le hace llorar en el cine. El punto del predicador ese día fue que Dios nos conoce de manera aún más íntima de lo que se conoce una pareja de más de cincuenta años de casados. Él nos conoce por dentro y por fuera.

A los trece años, me senté ahí preguntándome si algún día podría contestar una pregunta así acerca de mi esposo con la facilidad de esa mujer. Ahora, después de diez años de matrimonio, me doy cuenta de lo fácil que es la pregunta de los huevos. Es probable que yo también la hubiera podido responder después de tres meses. Sin embargo, de lo que no me di cuenta a los trece años fue que lo verdaderamente impresionante no era que esta pareja conocía las preferencias del desayuno del otro; era el hecho de que habían permanecido juntos *a pesar* de conocer cada detalle que podían conocer el uno del otro.

Piénsalo bien. Después de cincuenta años, has visto lo mejor y lo peor de tu cónyuge. Juntos, han pasado por todo. Tal vez hayan disfrutado de tiempos maravillosos como viajes juntos, recibir a un niño al mundo o la compra de su primera casa. Y han atravesado también momentos terribles, como la inestabilidad financiera, la pérdida de un empleo o de un ser querido, o comenzar otra vez en una nueva ciudad. Además, han amado y sufrido juntos los inevitables agravios cotidianos de la vida en común, el tipo de irritaciones que generan chispas de conflicto en un matrimonio, algunas de las cuales se convierten en incendios forestales. Cosas como expectativas no realizadas, diferentes estilos de comunicación, inmensas diferencias de crianza, y hasta hábitos distintos de gastar y ahorrar. A menos, claro, que aprendan a empaparlo todo con lluvias de gracia y perdón.

Pienso en esto cada vez que visitamos un parque estatal local donde hay un cartel de Oso Smokey en la entrada. El cartel incluye un metro codificado a colores con una mano que apunta al potencial de fuego del día: bajo, moderado, alto, muy alto, extremo. Durante los calores del verano, la mano flota sobre el área en rojo indicando un riesgo extremo de fuego. En ese momento, han pasado semanas sin llover, la hierba está seca y crispada, y la más pequeña chispa puede iniciar un fuego devastador que destruya todo el parque. Sin embargo, después de una fuerte lluvia, la manecilla de la esfera vuelve a situarse sobre la zona verde de la izquierda, lo que indica un bajo riesgo de incendio.

Un principio similar se aplica al matrimonio. Sin gracia, nuestra relación se puede secar y crispar, vulnerable a la más mínima chispa de frustración o conflicto que venga. En cambio, si regamos una y otra vez el huerto de nuestro jardín con gracia, esas mismas chispas de frustración y conflicto se apagarán.

¿Cómo es la gracia en la vida real? Puede ser como un esposo que trata de comprender el verdadero motivo detrás del enojo de su esposa durante la rutina agitada de preparar a los niños para la escuela, y le pregunta cómo la puede ayudar en vez de devolverle la actitud. Puede ser como una esposa que con gracia apoya el último régimen de ejercicio y alimentación saludable de su esposo (sin importarle cuánto dure), pues comprende que quiere estar lo más saludable posible para su familia. Puede ser como esposos y esposas que se vuelven vulnerables el uno al otro pidiendo gracia y perdón por sus faltas.

El apóstol Pablo escribió: «De modo que se toleren unos a otros y se perdonen si alguno tiene queja contra otro. Así como el Señor los perdonó, perdonen también ustedes» (Colosenses 3:13). Pablo veía que a veces no siempre es un conflicto grande que causa dolor y división. A veces se trata de cosas pequeñas, peculiaridades, incoherencias y pequeños resentimientos que avivan la llama más insignificante. Por eso nos exhorta a estar preparados para tolerarnos y perdonarnos los unos a los otros. Este ministerio de hacer llover gracia protege todas las relaciones, incluso el matrimonio, de la división y la contienda.

CAPÍTULO 5

Perdón costoso

Cada hogar tiene una persona encargada de las finanzas. Ya sea que se les imponga la responsabilidad o que la asuman con gusto (debido a que la idea de que otra persona controle el presupuesto es más estresante que el propio presupuesto), alguien tiene que hacerlo. En nuestra familia, yo soy la encargada de las finanzas. Y al principio de nuestro matrimonio, la situación era difícil. Teníamos poco más de veinte años, un bebé de seis meses y ambos trabajábamos a tiempo parcial mientras intentábamos compaginar nuestra nueva vida como padres con terminar los estudios.

Un día, decidí que comprar una cámara sería una buena inversión. Siempre me había gustado la fotografía, y pensé que si tomaba tiempo para practicar podría aumentar el ingreso de nuestra pequeña familia. El problema es que, casi no podíamos pagar la mensualidad del alquiler, mucho menos una cámara que, seamos sinceros, era algo más que queríamos que algo que necesitábamos en ese momento.

Dado que yo era la persona del dinero, pude convencer a Josh de que podíamos hacer la compra. Técnicamente, era cierto.

Sin embargo, sabía también que Josh no estaría de acuerdo con la compra si sabía lo poco que teníamos en el banco.

Poco después de comprar la cámara, Josh me preguntó si podíamos hacer una compra mayor. Dando por sentado que teníamos más dinero en el banco, pensó que el gasto no sería muy problemático, pero quería asegurarse conmigo antes. Una pista para recordarme mi culpa.

No se lo pude esconder más. Aunque no le había mentido en realidad, tampoco fui sincera por completo. De ninguna manera podíamos hacer esa compra.

Josh, por supuesto, estaba frustrado. Y herido.

No solo no fui sincera en cuanto a las finanzas, sino que lo manipulé para aceptar algo que no era sabio, y ahora estábamos en un punto difícil en las finanzas. Esto, sin mencionar que no era la primera vez que había hecho algo así. Como cuando creábamos una lista de víveres juntos y yo regresaba con más de lo planeado. No ser transparente con él en cuanto a las finanzas y los gastos era un patrón engañoso. Y cuando la verdad salió a la superficie, ambos pagamos las consecuencias.

Cuando pecamos contra otra persona, o esta peca contra nosotros, siempre cuesta. Y alguien tiene que pagar el precio. Cuando no fui sincera con Josh acerca de nuestras finanzas, no solo perdimos dinero y algo de nuestra seguridad financiera; yo perdí la confianza de Josh. Por fortuna para mí, Josh decidió no aferrarse a su enojo, y me perdonó. Sin embargo, esto no significó que de pronto podíamos comprar lo que él quería. Tuvo que sacrificarse y pagar el precio por lo que hice yo. Cuando alguien peca contra nosotros, no solo nos hiere; nos cuesta.

Nos cuesta, pues perdemos algo o sufrimos daño, y nos cuesta porque requiere que hagamos un esfuerzo para perdonar.

El esfuerzo del perdón

En algunas comunidades cristianas, «hacer un Mateo 18» es una forma corta de decir: «Necesito confrontar a alguien acerca de cómo pecaron contra mí». Esto se debe a que Mateo 18:15-17 contiene las enseñanzas de Jesús sobre cómo abordar el pecado e iniciar el perdón con otro creyente. Es un pasaje importante respecto al esfuerzo necesario para perdonar, y esto lo veremos más adelante. Antes, en cambio, quiero volver atrás brevemente y darle un vistazo a Mateo 18 en su totalidad. Además de darnos un contexto esencial para los versículos 15-17, el capítulo destaca dos parábolas: una que demuestra hasta qué punto Dios anhela reconciliarse con nosotros cuando nos alejamos y otra que muestra la importancia de aprender a perdonarnos los unos a los otros.

Mateo 18 se compone de treinta y cinco versículos e incluye una mezcla de enseñanza y narración acerca de la vida en el reino. Desde el punto de vista temático, el capítulo sigue este bosquejo:

- orgullo (versículos 1-5)
- piedras de tropiezo (versículos 6-9)
- el Padre no quiere que ninguno perezca (versículos 10-14)
- confrontación (versículos 15-20)
- misericordia y perdón (versículos 21-35)[1]

---

1. Me sorprende de qué manera este bosquejo temático también puede ser un resumen de la historia del evangelio: cómo Dios nos encuentra en nuestra condición caída y nos salva. Es un huevo de Pascua del evangelio, una verdad maravillosamente escondida a plena vista, que muestra la mano de Dios obrando. Cuanto más leo la Biblia, más me doy cuenta de cómo muchas de sus historias esconden huevos de Pascua del evangelio, esperando a que veamos la mano de Dios obrando y el evangelio manifestándose en la vida de la gente común.

Veamos más de cerca cada uno de estos temas en Mateo 18.

Orgullo (versículos 1-5)

Al comenzar el capítulo, los discípulos le preguntan a Jesús: «¿Quién es el más importante en el reino de los cielos?» (Mateo 18:1). En su orgullo, esperaban que Jesús escogiera a uno de ellos como el más importante, a fin de establecer una jerarquía. Esto hubiera elevado sus estatus en la tierra como seguidores de Jesús debido a su anticipada «posición» en el reino de los cielos. Los discípulos buscaban asegurar su lugar en el reino que Jesús estaba a punto de establecer. Por eso, la respuesta de Jesús les sorprendió: «El que se humilla como este niño será el más grande en el reino de los cielos» (versículo 4).

Piedras de tropiezo (versículos 6-9)

Jesús continúa advirtiéndoles acerca de causar que otros caigan, en especial de los más débiles que nosotros:

> «Pero si alguien hace pecar a uno de estos pequeños que creen en mí, más le valdría que le colgaran al cuello una gran piedra de molino y lo hundieran en lo profundo del mar. ¡Ay del mundo por los tropiezos! Los tropiezos son inevitables, pero ¡ay de aquel que los ocasiona!». (Mateo 18:6-7)

Fíjate en que a pesar de que Jesús usa aquí el término «pequeños», los eruditos bíblicos destacan que Jesús no describe a niños, sino a jóvenes creyentes, «discípulos que se han apartado del camino del discipulado, bien por los malos tratos y tentaciones a pecar que han sufrido por medio de otras personas, [...] o bien por sus propias pasiones»[2]. ¡Y las consecuencias que Jesús describe por causar que otros caigan son severas!

De la misma manera, cuando nos encontramos con algo que nos hace tropezar en nuestras propias vidas, Jesús dice que debemos ocuparnos de esto inmediatamente: «Si tu mano o tu pie te hace pecar, córtatelo y arrójalo. Más te vale entrar en la vida manco o cojo que ser arrojado al fuego eterno con tus dos manos y tus dos pies» (Mateo 18:8). Jesús usa esta hipérbole para destacar un punto, pero el punto es clave: «¡Toma muy en serio tus piedras de tropiezo!».

La buena noticia es que Jesús sabe que tropezaremos, que es inevitable tropezar. Jesús comprende aún mejor que caemos en todo tipo de tentaciones, aun cuando nos desesperamos por tratar de complacerlo en nuestra vida. Para eso vino a la tierra, para no dejarnos perecer en nuestros pecados.

El Padre no quiere que ninguno perezca (versículos 10-14)

Jesús narra la parábola de la oveja perdida para demostrar cuánto nos ama Dios y cuánto desea reconciliarse con nosotros.

> ¿Qué les parece? Si un hombre tiene cien ovejas y se extravía una de ellas, ¿no dejará las noventa y nueve en las colinas para ir en busca de la extraviada? Y si llega a encontrarla, les aseguro que se pondrá más feliz por esa sola oveja que por las noventa y nueve que no se extraviaron. Así también, el Padre de ustedes que está

---

2. Michael J. Wilkens, «Dios busca a las ovejas perdidas (18:12-14)», en *Comentario bíblico con aplicación: Mateo*, Editorial Vida, Nashville, Tennessee, 2016, p. 616.

> en el cielo no quiere que se pierda ninguno de estos pequeños. (Mateo 18:12-14)

¡Este es un cuadro del gran amor de Jesús por nosotros! No solo nos ve, sino que no escatimó esfuerzos para hacer posible que tengamos una relación con Él. Aun cuando nos desviamos, anhela reconciliarse con nosotros. El apóstol Pedro afirma esto cuando dice: «El Señor no tarda en cumplir su promesa, según entienden algunos la tardanza. Más bien, él tiene paciencia con ustedes, porque *no quiere que nadie perezca, sino que todos se arrepientan*» (2 Pedro 3:9, énfasis añadido).

Confrontación (versículos 15-20)

Habiendo establecido que todos pecamos y nos alejamos, Jesús continúa enseñando a sus discípulos cómo hacer el trabajo del perdón cuando alguien los ofende:

> «Si tu hermano peca contra ti, ve a solas con él y hazle ver su falta. Si te hace caso, has ganado a tu hermano. Pero si no, lleva contigo a uno o dos más, para que "todo asunto se resuelva mediante el testimonio de dos o tres testigos". Si se niega a hacerles caso a ellos, díselo a la iglesia; y si incluso a la iglesia no le hace caso, trátalo como si fuera un incrédulo o un cobrador de impuestos». (Mateo 18:15-17)

Como ya sabemos que alguien cercano a nosotros *tropezará* en un momento dado, es importante tener instrucciones para abordarlo. Y podrá llegar el momento cuando el hermano o la hermana en Cristo que necesites confrontar sea tu cónyuge. Y podrás ser tú algún día.

Misericordia y perdón (versículos 21-35)

La porción más larga de Mateo 18 es la parábola que contó Jesús del siervo despiadado. Jesús la cuenta como respuesta a la pregunta de Pedro: «Señor, Señor, ¿cuántas veces tengo que perdonar a mi hermano que peca contra mí? ¿Hasta siete veces?». Es probable que Pedro creyera que siete veces es generoso, pero Jesús le dice: «No te digo que hasta siete veces, sino hasta setenta veces siete» (Mateo 18:21-22). Jesús luego usa la parábola para no solo ilustrar la inmensidad del perdón de Dios hacia nosotros, sino también lo importante que es para Él que perdonemos a quienes nos lastiman.

La historia comienza con un rey que decide cobrar sus deudas. Un hombre, uno de sus siervos, le debía diez mil talentos, una forma de divisa de los días de Jesús que la NVI traduce como «diez mil monedas de oro» (Mateo 18:24). Cuando el hombre no pudo pagar, el rey ordenó que lo vendieran junto a su familia para recuperar su dinero. Sin embargo, el siervo le rogó que fuera paciente al cobrar la deuda, y para su sorpresa, el rey tuvo misericordia y le perdonó la deuda por completo. Recuerda, las deudas son caras y se deben pagar. Como era imposible que el hombre pagara, el rey mostró misericordia absorbiendo la deuda.

Después de perdonársele la deuda, el hombre se encontró con un consiervo que le debía 100 denarios (unas 100 monedas de plata), y le exigió que le pagara. El siervo le suplicó paciencia y le prometió que le pagaría, como él mismo le suplicó paciencia al rey. En cambio, el hombre se negó e hizo que echaran al siervo en la cárcel hasta que pagara lo que le debía.

Para darte una idea de la asombrosa diferencia entre las dos deudas, considera esto. Un denario era el sueldo diario de un trabajador. Un talento era igual a 6000 denarios. Esto significa que el rey le perdonó al hombre 60 000 000 de denarios, o 60 000 000 días de trabajo (más de 164 383 años), mientras que el consiervo le debía 100 denarios o 100 días de labor.

Cuando los demás siervos del rey vieron lo que hizo el hombre, se enojaron y se lo contaron al rey. Furioso, el rey confrontó al hombre. «¡Siervo malvado! —le dijo—, te perdoné toda aquella deuda porque me lo suplicaste. ¿No debías tú también haberte compadecido de tu compañero, así como yo me compadecí de ti?» (Mateo 18:32-33). El rey entonces echó al hombre en la cárcel hasta que pagara su deuda original.

Es una historia bastante intensa, ¿verdad? Y hay algunas conclusiones claras:

- Nuestro pecado es una deuda demasiado grande para poder pagársela a Dios.
- Dios es misericordioso y absorbe nuestra deuda cuando vamos a Él y le pedimos perdón.
- Dios espera que les ofrezcamos a otros el mismo perdón, entendiendo a cabalidad que tropezarán y necesitarán ese perdón en múltiples ocasiones.
- Si no mostramos la misma misericordia que hemos recibido, Dios puede perder la paciencia con nosotros.

Aunque no podemos ignorar el hecho de que Dios toma muy en serio nuestra responsabilidad de perdonar a otros, tampoco nosotros debemos ignorar el hecho de que esto se debe a que también toma muy en serio su perdón para nosotros. Recuerda cuánto se le perdonó al primer siervo. Jesús narró esta parábola para recordarnos que Dios está listo y dispuesto para perdonarnos, sin importar el tamaño de nuestra deuda.

Jesús no endulza el hecho de que perdonar a los demás es costoso. Él lo entiende, más que nadie. Y sin disculparse nos pide que hagamos lo mismo. Como el siervo de la parábola, espera que perdonemos, pues a nosotros ya se nos ha perdonado mucho. Es más, si entendemos de veras la profundidad con que Jesús nos perdonó, el perdón que ofrecemos a otros nos debe parecer pequeño, como si fuera lo menos que podemos hacer después de todo lo que Jesús hizo por nosotros.

Y como si todo esto no fuera suficiente, hay otra razón para estar entusiasmados por hacer el trabajo del perdón, y es que evita que el dolor de la maldad y las heridas se rieguen y hagan más daño a nuestra vida.

El diario del perdón

El perdón es un aspecto crucial en todo matrimonio, pero sobre todo en un matrimonio cristiano. El objetivo de este ejercicio es que profundices en tu comprensión de cómo tú y tu cónyuge ven el perdón, así como promover la unidad dándote una oportunidad para practicar el perdón. Primero, ambos reflexionarán por separado escribiendo en un diario, y luego tendrán una conversación acerca de lo que escribieron.

Reflexión individual

Usen un diario para reflexionar sobre estas preguntas:

1. ¿Cómo definirías el perdón? ¿Qué significa para ti perdonar?

2. ¿Qué experiencias de *ofrecer* perdón (a tu cónyuge o a otros) han sido más significativas para ti? ¿Qué experiencias de *recibir* perdón han sido más significativas para ti?
3. ¿Cuáles son uno o dos ejemplos de ocasiones en las que gestionaste bien el perdón en tu matrimonio? ¿Cuáles son uno o dos ejemplos de momentos cuando fracasaste al gestionar bien el perdón en tu matrimonio?
4. Identifica un asunto para el que necesitas pedirle perdón a tu cónyuge.
   - ¿Qué hiciste y por qué?
   - ¿Qué daño causó tu acción, o por qué fue indebido?
   - ¿Por qué sientes haberlo hecho?
   - ¿Qué harás diferente en situaciones similares en el futuro?

Conversación

Encuentren un lugar tranquilo donde tú y tu cónyuge puedan sentarse cómodos y hablar sin distracciones. Comiencen con una corta oración, pidiéndole a Dios que los guíe, que aumente su comprensión mutua y que abra sus corazones para perdonar.

1. **Expresen sus ideas.** Túrnense para expresar lo que escribieron acerca de la definición del perdón, lo que significa para ustedes y sus experiencias de dar y recibir perdón. Escuchen atentos y sin juicio mientras su pareja habla. No importa si sus perspectivas sobre el perdón difieren.

2. **Comenten las lecciones aprendidas.** Comenten brevemente ejemplos de cuándo gestionaron bien el perdón en su matrimonio, y de cuándo no. ¿Qué lecciones aprendieron sobre el perdón en estas experiencias?
3. **Pidan y ofrezcan perdón.** Túrnense pidiendo y ofreciendo perdón por cada situación identificada en el diario.
   - Cuando pidan perdón, comiencen con: «Siento que...», y reconozcan lo que hicieron. Expliquen por qué lo hicieron, pero no se excusen. Expresen su remordimiento y cómo quieren responder de manera diferente en el futuro.
   - Al ofrecer perdón, pueden comenzar diciendo: «Aprecio que lo reconozcas. Te amo, y te perdono».
4. **Analicen las estrategias para perdonarse en el futuro.** Conversen sobre cómo mejorar la práctica del perdón dentro del matrimonio. Expresen ideas sobre cómo ambos pueden lidiar con los conflictos y desacuerdos de manera que fomenten el perdón y la reconciliación.
5. **Terminen en oración.** Oren juntos, dándole gracias a Dios por la oportunidad de fortalecer su matrimonio a través del perdón y pidiéndole su continua dirección.

El perdón detiene la propagación del mal y del dolor

¿Alguna vez has presenciado un aluvión de lodo o has visto uno en vídeo? Una vez que comienza, es imposible detenerlo. Fluye con rapidez y arrasa con todo a su paso: carreteras, casas e incluso comunidades enteras. Una de las principales estrategias para prevenir los aludes de lodo es construir barrancos o canales que permitan redirigir o absorber el lodo. Y esos canales son una metáfora muy acertada del perdón. Piénsalo así: si el mal y el dolor fueran un aluvión de lodo que se desliza cuesta abajo, el perdón es el canal que desvía la corriente destructiva y evita que cause aún más daño. El perdón salva todo lo que de otro modo se habría arrebatado a su paso. En ese sentido, el perdón tiene el poder de detener la propagación del mal, de la división y del dolor, pero solo cuando perdonamos como Jesús nos enseñó y nos dio ejemplo.

Seguir el ejemplo de perdón de Jesús es un desafío para muchos de nosotros, pues lo que Jesús enseñó y ejemplificó acerca del perdón incluye algunas cosas que nos incomodan. Por ejemplo, Jesús les dijo a los discípulos: «Si tu hermano peca, repréndelo; y si se arrepiente, perdónalo. Aun si peca contra ti siete veces en un día, y siete veces regresa a decirte que se arrepiente, perdónalo» (Lucas 17:3-4).

Tal como vimos en Mateo 18:15-17, la obra del perdón requiere alguna forma de confrontación o reprimenda. No obstante, si elegimos confrontar el pecado sin hacer la paz con la otra persona a través del perdón, somos como el siervo de la parábola que exigió el pago sin ofrecer misericordia. Tratamos de hacer que la otra persona pague las consecuencias de sus acciones mientras que ignoramos el hecho de que Cristo ya pagó las consecuencias de *nuestras* acciones.

Cuando elegimos perdonar, en el fondo sabemos que, en realidad, nunca podremos recuperar lo que el pecado nos ha costado. No olvidamos con facilidad ni nos recuperamos de las palabras hirientes ni las acciones egoístas. Sin embargo, a veces somos tentados a reprender a la persona y a no perdonarla debido a que nos da una ilusión de poder; nos hace pensar que *podemos* recuperar lo perdido haciendo sufrir a la otra persona las consecuencias que establecimos. Entonces, cuando esto sucede, no practicamos la reprimenda que lleva al perdón, sino la venganza que lleva al desquite.

Por otra parte, algunos de nosotros no nos sentimos cómodos con la parte de la reprimenda y tratamos de saltar directo al perdón. Queremos hacer la paz sin confrontar a la persona que pecó contra nosotros. A menudo caigo en esto, diciendo cosas como: «No es para tanto» o «Ya lo superé». Sin embargo, intentar perdonar sin afrontar el problema no es perdón verdadero; es buscar egoístamente la paz para nosotros mismos. Sea cual sea el motivo, ya sea que pensar en la confrontación nos haga sudar frío, que queramos caer bien o que solo nos incomode hablar del pecado, ocultarlo disminuye lo doloroso y costoso que es. En cambio, necesitamos hacer el trabajo *completo* del perdón, que implica confrontar el dolor, a fin de evitar que se extienda, y buscar la paz ofreciendo el perdón.

Si en algo eres como yo, imagino lo que estarás pensando ahora mismo. *Ese tipo de perdón, el que intenta corregir y reconciliar, parece dificilísimo*. Sobre todo cuando, en Lucas 17:3-4, Jesús menciona perdonar a quien peca contra ti siete veces al día, ¡sin mencionar su respuesta a Pedro en Mateo 18 de que debemos perdonar setenta y siete veces! Y no es difícil imaginar que las relaciones en las que tal vez necesitemos perdonar a alguien siete veces al día son el matrimonio y la crianza de los hijos. ¡Ahí es donde más tendremos que esforzarnos por perdonar!

Esto es lo que me da esperanza cuando perdonar parece difícil o incluso imposible. Justo después que Jesús les dice a sus discípulos que deben perdonar a alguien siete veces al día, su respuesta es: «¡Aumenta nuestra fe!» (Lucas 17:5). Ellos también pensaron que esta clase de perdón les parecía abrumador. Sabían lo difícil que sería llevar a cabo el perdón que Jesús nos pide: perdonar aunque sea costoso e incluso cuando es probable que pequen contra nosotros una y otra vez.

Sin embargo, compasivamente Jesús tranquiliza a sus discípulos, recordándoles que Dios tiene el poder de multiplicar incluso la fe más pequeña: «Si ustedes tuvieran una fe tan pequeña como una semilla de mostaza [...], podrían decirle a este árbol sicómoro: "Arráncate de aquí y plántate en el mar" y les obedecería» (Lucas 17:6). La promesa de Jesús es que Él puede usar nuestra fe, por pequeña que sea, para lograr lo que parece imposible, incluso cuando lo que parece imposible es la obra del perdón.

Si de veras comprendemos la profundidad del perdón de Jesús para nosotros, esto pone en perspectiva nuestra obligación de perdonar a otros, sobre todo a nuestros cónyuges. Es lo mínimo que podemos hacer por nuestros cónyuges considerando lo que Jesús ha hecho por nosotros. Jesús se humilló y cargó con nuestra deuda al perdonarnos. Cuando un cónyuge nos hace daño, nos quita algo. El perdón consiste en aceptar esa deuda y elegir pagarla, no solo esconderla bajo la alfombra o intentar vengarnos. Se trata de abordar el mal y hacer las paces en lugar de castigar a la otra persona o buscar egoístamente la paz para nosotros mismos. El perdón no tiene nada que ver con el comportamiento de la otra persona. Es una acción que detiene la propagación del mal y del dolor, y requiere humildad y un reconocimiento constante de nuestra propia necesidad de gracia.

En el sagrado vínculo del matrimonio, la importancia del perdón continuo es innegable. Así como Jesús nos ofrece siempre su perdón infinito, debemos esforzarnos por hacer lo mismo con nuestros cónyuges y con los demás. Los errores y malentendidos son inevitables en cualquier relación cercana, pero cuando elegimos perdonar una y otra vez, demostramos el compromiso con nuestro cónyuge de la misma manera que Jesús demuestra su compromiso inquebrantable con nosotros. Es un acto continuo de humildad, reconociendo que también somos seres imperfectos necesitados de gracia. El perdón no solo cura las heridas, sino que también fortalece los cimientos de confianza y amor sobre los que se construye un matrimonio. Al perdonar continuamente, cultivamos una relación en la que pueden florecer el crecimiento, la comprensión y el amor duradero, fortaleciendo en última instancia el vínculo que glorifica a Dios entre los cónyuges.

- Piensa en alguna ocasión en la que te sintieras herido por las acciones o palabras de tu cónyuge. ¿Cómo manejaste la situación? ¿Lo confrontaste o lo ocultaste? ¿Cuál fue el resultado?
- Perdonar es costoso, pero también lo es la falta de perdón. ¿Qué te han costado tanto el perdón como la falta de perdón en tu relación con tu cónyuge?
- Considera la parábola del siervo despiadado. ¿Cómo te desafía la misericordia y la gracia del rey hacia su deudor a decidir si estás dispuesto a perdonar?
- Reflexiona sobre la enseñanza de Jesús en Mateo 18:15-17 sobre confrontar el pecado e iniciar el perdón. ¿Cómo puedes aplicar estos principios en tu vida y tus relaciones? ¿Qué miedos o desafíos podrías enfrentar al hacerlo?
- Dedica un momento para meditar en Efesios 4:32: «Sean bondadosos y compasivos unos con otros y perdónense mutuamente, así como Dios los perdonó a ustedes en Cristo». ¿Cómo influye este versículo en tu comprensión del perdón y su importancia en tu matrimonio?

Oración

Pídele a Dios que:

- te ayude a reconocer los patrones de engaño o insinceridad en tu matrimonio y te dé valor para abordarlos y buscar el perdón.
- te dé un espíritu de amor y compasión hacia tu cónyuge, aun cuando te hiera o desilusione.
- te ayude a abandonar los resentimientos y heridas del pasado, y te dé fuerzas para perdonar a tu cónyuge como Cristo te perdonó a ti.
- mejore la comunicación y la comprensión en tu matrimonio, a fin de que puedas trabajar con tu cónyuge para abordar cualquier asunto que surja.
- les guíe en el trabajo del perdón, y que les dé a ambos la gracia para afrontar el conflicto con humildad, sabiduría y compasión.

CAPÍTULO 6

Conocer y ser conocidos

Era lunes por la mañana, y Josh y yo fuimos hasta el gimnasio después de dejar a los niños en la escuela. La temperatura afuera era de unos -4 °C, y estábamos sentados en el auto saboreando los últimos sorbos de café en nuestras tazas desechables antes de correr con valentía hacia la puerta del gimnasio. ¡Oye, en Carolina del Sur, -4 es frío! A pesar del frío, tenía una sensación optimista de que íbamos a comenzar bien la semana, y que este sería un día productivo.

Antes de salir del auto, Josh se volteó y me dijo:

—Quiero hablar contigo acerca de algo.

En ese momento, esa sensación optimista que tenía comenzó a deslizarse en cámara lenta, como cuando el teléfono se te cae de la mano y comienza el viaje hacia el piso y no hay forma de detenerlo.

Quizá lo que me tiene que decir no sea tan malo, pensé.

—¿Acerca de qué? —pregunté vacilante.

Comenzó a decirme algunas cosas que había notado en mi actitud reciente y cómo había afectado al resto de la familia.

—Sé que tienes muchas cosas sobre ti ahora —dijo Josh—, pero a veces podemos sentir la tensión cuando entras en la habitación.

Me quedé en silencio unos minutos, escuchando a Josh contarme cómo fue vivir conmigo las últimas semanas. En lugar de intentar asimilar lo que decía, esperaba mi momento para decir algo, y las respuestas defensivas me daban vueltas en la cabeza, deseando que las escuchara.

No es que me molestara con nada de lo que decía. Es más, recordaba los ejemplos que mencionaba y veía cómo mi actitud había afectado a mi familia. Aun así, me avergonzaba no haber reconocido ni corregido el comportamiento, y me frustraba que Josh sintiera la necesidad de denunciarlo. Así que las respuestas que me rondaban por la cabeza no eran tanto negaciones como justificaciones. Quizá si entendiera por qué me comporté así o cómo él era parte del problema, se relajaría un poco.

«Bueno, el motivo por el que me molesté con David fue que...».

«No me parece justo que me hables de esto cuando tú...».

«He estado bajo mucha presión últimamente...».

«Si solo me hubieras ayudado con...».

Y mi lista seguía. Si lograba convencerlo de que él era parte de la razón de mi mala actitud, no tendría que sentir tanta vergüenza por haber dejado que se agravara. Incluso podría evitar que me confrontara por problemas como este en el futuro.

Avergonzada, alejé a Josh, temerosa de permitirle ver las partes internas de mí que yo misma detestaba. Incluso después de casi diez años de matrimonio, detestaba la idea de que viera las luchas personales de las que me avergonzaba.

En retrospectiva, me gustaría imaginar un final diferente para esta historia, uno en el que le permito hablar verdad y sabiduría sobre mi vida, en vez de esforzarme tanto por levantar las defensas. Quizá fuera algo como esto:

—Sé que tienes mucho que hacer ahora mismo —dijo Josh—, pero a menudo, se siente la tensión cuando entras en la habitación.

Seguí escuchando, sintiendo que mi actitud defensiva empezaba a crecer, pero también esforzándome por mantener la mente abierta. Recordé que Josh me amaba y que no sacaría el tema, sobre todo ahora, si no lo considerara importante. También noté su actitud amable y pensé en lo cuidadoso que era al ser sincero conmigo sin herir mis sentimientos. Le agradecí esto.

Pensé en lo que decía antes de responder y me di cuenta de que tenía razón. Podía recordar todos los ejemplos de mi mala actitud. Decidí ser vulnerable con él.

—Entiendo lo que dices —admití en voz baja—. Últimamente he tenido un mal carácter. Y sí, tengo muchas cosas que hacer, pero siento haber descargado ese estrés en ti y en la familia. Yo tampoco desearía estar en esa situación.

—Detesto que te sientas estresada y quiero hacer más para quitarte algunas responsabilidades de encima —ofreció Josh—. También quiero tomarme un tiempo para orar contigo. ¿Te importaría si lo hacemos antes de entrenar hoy?

En ese momento, mi enojo se disipó, y antes de orar juntos, hice una oración silenciosa de gratitud. Le di gracias a Dios por conocerme por dentro y por fuera, y por seguir decidiendo amarme, y le agradecí por un esposo que se esforzaba por ser un ejemplo del amor de Dios.

Mi deseo es que este final alternativo hubiera sido el verdadero. En ese momento, estaba tan absorta en justificarme y tratar de parecer perfecta que olvidé una verdad fundamental: es la vulnerabilidad, no la fachada de perfección lo que construye la conexión y la intimidad en el matrimonio.

Nuestra perfección efímera

Cuando pienso en la perfección en el matrimonio, a veces me pregunto cómo fue Eva para Adán antes de la caída. Fueron los únicos seres humanos en la historia que tuvieron una relación perfecta. La Biblia lo describe así: «Por tanto el hombre dejará a su padre y a su madre y se unirá a su mujer, y serán una sola carne. Y estaban ambos desnudos, el hombre y su mujer, y no se avergonzaban» (Génesis 2:24-25, LBLA).

¿Cómo era ese nivel de vulnerabilidad en la vida real? Lo lamentable es que no lo sabemos, pues poco después el pecado entró en escena, los muros de defensas se levantaron y desapareció la vulnerabilidad perfecta. Así fue que se deshizo todo:

> Cuando la mujer vio que el árbol era bueno para comer, y que era agradable a los ojos, y que el árbol era deseable para alcanzar sabiduría, tomó de su fruto y comió; y dio también a su marido que estaba con ella, y él comió. Entonces fueron abiertos los ojos de ambos, y conocieron que estaban desnudos; y cosieron hojas de higuera y se hicieron delantales.
>
> Y oyeron al Señor Dios que se paseaba en el huerto al fresco del día; y el hombre y su mujer se escondieron de la presencia del Señor Dios entre los árboles del huerto. Y el Señor Dios llamó al hombre, y le dijo: ¿Dónde estás? Y él respondió: Te oí en el huerto, y tuve miedo porque estaba desnudo, y me escondí. Y Dios le dijo: ¿Quién te ha hecho saber que estabas desnudo? ¿Has comido del árbol del cual te mandé que no comieras? Y el hombre respondió: La mujer que tú me diste

> por compañera me dio del árbol, y yo comí. Entonces el Señor Dios dijo a la mujer: ¿Qué es esto que has hecho? Y la mujer respondió: La serpiente me engañó, y yo comí. (Génesis 3:6-13, LBLA)

¡Vaya! No sabemos cuánto tiempo pasó entre Génesis 2 y Génesis 3, pero podemos ver la gran diferencia que la caída produjo en la relación de Adán y Eva. En el primer pasaje, Adán y Eva estaban unidos, una sola carne, y aunque estaban desnudos por completo, no sentían vergüenza. ¿Por qué? Bueno, dado que esta parte de la historia tuvo lugar antes de la caída, podemos suponer que todo en el huerto de Edén, incluidos Adán y Eva, era perfecto y tal como lo dispuso Dios. Imagina esto: tener un cuerpo perfecto formado por las manos de Dios antes de que la imperfección llegara al mundo. Si me preguntan, parece bastante liberador.

Sin embargo, no creo que tener cuerpos de influentes de fitnes fuera lo que le permitió a la primera pareja andar desnuda sin avergonzarse mientras #vivíansumejorvida. Adán y Eva se sentían perfectamente cómodos siendo vulnerables por completo; en otras palabras, libres de vergüenza, pues no había nada de que avergonzarse. Ninguno de los dos sabía lo que era ser egoísta, pecador, indigno de confianza, ni pensar que alguno de esos defectos pudiera ser cierto en su cónyuge.

Ahora, analicemos el segundo pasaje. Vemos un gran cambio en la relación de Adán y Eva justo después de pecar contra Dios. Sin embargo, aunque desobedecieron a Dios, ¿significaba eso que también debía haber vergüenza en su relación? ¿No podían seguir viviendo juntos (desnudos, vulnerables y sin avergonzarse) a pesar de un momento de debilidad y duda en Dios? ¿Por qué tuvo que cambiar algo en su matrimonio después de la caída?

En su libro, *Pacto matrimonial: Perspectiva temporal y eterna*, el autor John Piper destaca dos cosas que corrompieron la relación de Adán y Eva. Piper destaca que nosotros también sentimos hoy vergüenza en el matrimonio por las mismas dos razones: «En el primer caso, la persona que ve mi desnudez ya no es digna de confianza, por lo que tengo temor de ser avergonzado. En el segundo, ya no estoy en paz con Dios y me siento culpable, envilecido e indigno: merezco estar avergonzado»[1].

En otras palabras, Adán y Eva todavía tenían cuerpos perfectos como antes de la caída, y no habían hecho nada a propósito para herir o avergonzar a la otra persona. Así y todo, su relación ya no volvería a ser como era antes de que el pecado entrara al mundo.

El pecado creó un abismo entre lo que debió haber sido y lo que era. Vivir en una relación libre de vergüenza y culpa, vulnerable y llena de confianza por completo era cosa del pasado. Como Adán y Eva comprendieron que ambos eran capaces de pecar, la vergüenza se convirtió en parte de su relación, y su perfecta vulnerabilidad mutua se desvaneció con rapidez. Adán comprendió que si Eva era capaz de pecar, ya no podía confiar plenamente en que lo amara con perfección, pues era egoísta y anteponía sus deseos. Y como Adán era pecador, ya no se sentía digno de la confianza total ni del amor incondicional de Eva.

La vergüenza y la inseguridad fueron las consecuencias lógicas de ambas comprensiones. Y una vez que la vergüenza entró en escena, la nueva desconfianza mutua entre Adán y Eva los llevó a esconderse, cubrirse e incluso a desviar la culpa defendiendo sus propios fracasos: Adán culpó a Eva, y Eva culpó a la serpiente.

---

1. John Piper, *Pacto matrimonial: Perspectiva temporal y eterna*, Tyndale Español, Carol Stream, IL, 2009, p. 19.

El pecado hace que nos escondamos

¿Por qué nos escondemos intentando restarle importancia, desviar o encubrir nuestro pecado? Porque tememos lo que podríamos perder si se descubriera la verdad. Cuando Josh me confrontó por mis faltas, intenté darle todas las excusas posibles para que las comprendiera y permitiera. Incluso intenté culparlo en parte. Si lo pusiera a mi nivel habría menos que juzgar, ¿verdad?

Sin embargo, lo cierto es que, egoísta y temerosa, ocultaba mi pecado por temor a ser vulnerable y no merecedora de amor. Temía perder el respeto de Josh y tal vez hasta causarle daños severos a nuestra relación. ¿Por qué querría Josh casarse con alguien con una actitud tan amargada? Me daba vergüenza, como mínimo, y miedo, como máximo. De la misma manera, el intento de Adán y Eva por vestirse fue pecaminoso, a fin de ocultarle a Dios lo que hicieron.

Cuando Dios les pegunta a Adán y Eva en el huerto dónde estaban, se escondieron porque su desnudez los dejaba expuestos y vulnerables. Sin embargo, Dios no les dijo que su pecado era demasiado para Él ni que estaban demasiado perdidos. En cambio, les mostró misericordia creando vestidos muy superiores a cualquier cosa que ellos mismos pudieran haber hecho: «El Señor Dios hizo ropa de pieles de animales para Adán y su esposa» (Génesis 3:21, NTV). Fíjate en que el vestido no vino sin sacrificio; se necesitó matar animales para vestirlos. Aunque Dios está dispuesto y esperando para ofrecernos el perdón, eso no significa que nuestro pecado no tenga consecuencias.

Así como el pecado de Adán y Eva tuvo consecuencias reales, mi pecado tiene consecuencias también. Y no fui la única que las tuvo que pagar. Josh sintió el dolor de mi actitud negativa y luego tuvo que hacer la tarea del perdón. Cuando me confrontó, no estaba buscando castigo ni retribución. En cambio, cubrió la situación con gracia y pidió con dulzura arrepentimiento y reconciliación. Estaba obrando el perdón para redimir lo que hice y restaurar nuestra relación.

Mi reacción inicial fue esconderme. Me sentía demasiado expuesta y vulnerable en mi debilidad, y me avergonzaba que él viera mi pecado. Sin embargo, lo que he aprendido es que Cristo (y quienes me aman como Él) me encontrarán justo donde estoy, me invitarán a salir de mi escondite y buscarán una relación redentora conmigo; una relación que no me permita permanecer en mi pecado, sino que lo vea tal como es y me llame a salir de él y a entrar en los brazos abiertos de la gracia de Cristo.

La redención es el acto de la gracia y la misericordia de Dios por el cual nosotros, y toda la humanidad, somos salvos de las consecuencias del pecado y restaurados para tener una relación adecuada con Dios. Por su muerte en la cruz, recibimos perdón, somos reconciliados con Dios y recibimos la esperanza de la vida eterna. La redención es el ejemplo que Dios nos concedió en el mismo momento cuando el pecado entró en el mundo, y desde el principio, fue su diseño para el matrimonio, a fin de que fuera una relación redentora de pacto que simbolice la relación de Dios con su pueblo.

Por más desalentadora que parezca la historia de Adán y Eva cuando se toma al pie de la letra (ya sabes, tener una relación perfecta con el creador del universo, vivir en un mundo perfecto, ser perfectos y luego perderlo todo), Dios usa lo que sucede después de la caída para prefigurar no solo la redención final que vendrá en Cristo, sino también la redención que podemos experimentar dentro del matrimonio. Aunque Adán y Eva nunca tuvieron que practicar el perdón ni la reconciliación antes de la caída, el matrimonio siempre se diseñó con esas prácticas en mente. Dios no tuvo que remodelar el matrimonio después de la caída; ya era apto para ser una imagen de la promesa que nos hizo Dios. Él diseñó el matrimonio para que fuera un pacto de amor que no se rompa ante nuestra naturaleza pecaminosa, sino que obra para redimirla y glorificar a quien lo diseñó.

Redención rejuvenecedora

En este punto de tu matrimonio, es probable que tu cónyuge te confrontara de una u otra manera. Quizá lo hiciera con humildad, con la esperanza de reconciliarse, o quizá con enojo (lo cual, diría yo, puede ser otra oportunidad para mostrar gracia). Sea como sea, podemos encontrar mucho consuelo y alegría en el hecho de que el matrimonio está diseñado para ser redentor. Y, sin embargo, no podemos redimirnos sin el llamado también a la santidad, ya sea cuando sentimos convicción en nuestro corazón por obrar mal o cuando Dios usa a nuestros cónyuges para llamarnos al arrepentimiento y a la reconciliación.

Sabiendo que a menudo Dios obra por medio de nuestro cónyuge para abrirnos los ojos a nuestro propio pecado y atraernos a sí mismo, podemos elegir ser vulnerables y derrumbar los muros de defensa cuando nuestro cónyuge nos dice la verdad en amor y valor. Y no es necesario decir que tal vulnerabilidad es una calle de dos vías. En un matrimonio de dos seres humanos con naturaleza pecaminosa, ambos necesitan redención y reconciliación. Si sientes que eres el único con la expectativa de ser vulnerable y cambiar tu actitud o comportamiento en la relación, eso es una bandera de peligro, y quizá sea un indicio de que se necesita consejería u otra forma de apoyo o intervención.

Buscar la santidad y la redención significa que los cónyuges cristianos deben poder fomentar una vulnerabilidad mutua que eche fuera la vergüenza en el matrimonio. Es la clase de vulnerabilidad que aborda el pecado con diligencia, lo reconoce con humildad, busca el perdón y se regocija en la reconciliación una y otra vez. Esa clase de vulnerabilidad es una expresión del amor que el apóstol Juan describió cuando escribió: «En esa clase de amor no hay temor, porque el amor perfecto expulsa todo temor. Si tenemos miedo es por temor al castigo, y esto muestra que no hemos experimentado plenamente el perfecto amor de Dios» (1 Juan 4:18, NTV).

Cuando nos comprometemos a practicar la redención en el matrimonio, ya no necesitamos esforzarnos por esconder nuestro pecado y vergüenza. Ahora podemos elegir la transparencia y la sinceridad con nuestro cónyuge, permitiéndonos ser vulnerables sin temor a ser conocidos o descubiertos por completo. Podemos venir a nuestro cónyuge en humildad, asumir la responsabilidad por nuestros errores, y juntos buscar el perdón y la redención. Por supuesto, esto puede ser difícil, pues requiere dejar a un lado nuestro orgullo. No obstante, si cada vez más estamos dispuestos a hacerlo, tendremos más confianza en nuestra relación, sabiendo que trabajamos juntos para experimentar con más riqueza el amor de Cristo. Además, haremos más espacio para una relación más sincera y saludable donde podamos ser nosotros mismos y confiar más el uno en el otro.

Desde el principio, Dios diseñó el matrimonio para que funcionara con este amor redentor, pues es lo que le da mayor gloria. Y nuestra disposición a vivir este amor en el matrimonio apunta siempre hacia Cristo, la solución definitiva y permanente de Dios al problema de nuestra vergüenza.

Cuando sabemos que estamos seguros en el pacto de amor, tanto con Dios como con nuestros cónyuges, podemos ser transparentes sobre nuestro pecado, traerlo a la luz y pedir perdón. Al hacerlo en el matrimonio, trabajamos juntos de manera activa hacia la santidad, esforzándonos por lograr la relación que Adán y Eva disfrutaron entre sí y con Dios antes de la caída. Y podemos seguir trabajando en la gracia para refinar esta relación redentora hasta que Cristo regrese y renueve todas las cosas.

Reflexión

- Haz un breve recuento de las últimas dos o tres veces que tu cónyuge te confrontó. ¿Cómo reaccionaste? ¿Qué pensamientos o emociones motivaron tus reacciones a tal confrontación?
- En pocas palabras, trae a la memoria las últimas dos o tres veces cuando confrontaste a tu cónyuge. ¿Cómo describirías tu motivación para hacerlo? Por ejemplo, ¿dirías que fue buscar venganza y retribución o reconciliación y redención? ¿Por qué?
- ¿De qué manera, si las hubiera, podrían haber sido diferentes las situaciones que acabas de recordar si tú o tu cónyuge hubieran elegido responder de forma diferente (ser vulnerables o no serlo)?

- ¿En qué aspectos de tu matrimonio desearías tener más vulnerabilidad y menos actitud defensiva? Si pudieras experimentar la redención que describe este capítulo, ¿cómo imaginas que tu matrimonio sería diferente?

Oración

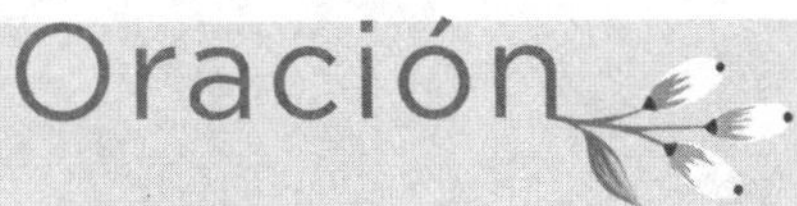

Pídele a Dios que:

- te revele los aspectos de pecado y vergüenza en tu vida y en tu matrimonio, y te dé el deseo de confesarlos y buscar perdón.
- te dé el valor de ser vulnerable con tu cónyuge, aun cuando sea difícil e incómodo.
- baje tus defensas, dándote la capacidad de escuchar las críticas de tu cónyuge con una mente abierta y un corazón amoroso.
- te dé paciencia y gracia mientras tú y tu cónyuge caminan juntos hacia la santidad y una relación más fuerte.

CAPÍTULO 7

El misterio del matrimonio

—Evy por fin se durmió — le dije a Josh al llegar al rellano de la tercera planta de la casa de sus padres, que nos servía de dormitorio, armario, salón y oficina—. Ah, y tu mamá preguntó si podías cortar el césped mañana —le comenté mientras me dejaba caer en el sofá.

—Lo corté hace unos días, pero está bien —respondió Josh mientras apagaba la computadora y se sentaba a mi lado en el sofá.

—Mira esta casa que encontré —le dije entregándole mi teléfono, que estaba abierto en la aplicación Realtor.com.

—Sí, es bonita —asintió.

— Está dentro de nuestro presupuesto —continué, recuperando mi teléfono y dándole un vistazo a las fotos.

—Chels, sabes que no tiene sentido buscar ahora, ¿verdad? No estamos preparados —me dijo al percibir mi decepción.

Intentó mirarme a los ojos, pero yo evité su mirada.

—Llevamos aquí un año y medio, Josh —suspiré.

—Lo sé, Chels —dijo con dulzura—, pero eso no cambia nada. He repasado los números contigo. Si compramos esa casa ahora y ponemos todo lo que hemos ahorrado, no podremos pagar la hipoteca. Tenemos que esperar.

Sabía que tenía razón. Sin embargo, eso no me quitaba la tristeza. Esa noche, como tantas otras, deslizaba el dedo por las fotos de casas que todavía no podíamos comprar, soñando con la vida que esperaba darle a mi familia algún día. En ese momento, me alegro de que no supiera que todavía pasaría un año antes de mudarnos a nuestra casa. Los ahorros y los pagos de las deudas que creía que nos llevarían solo de seis a doce meses terminaron tomando casi tres años.

Durante ese tiempo, trabajamos sin descanso para alcanzar nuestro objetivo, pagando nuestras deudas y ahorrando para el pago inicial. Josh fue quien calculó cuánto podíamos gastar, los barrios donde debíamos buscar casa, las mejores escuelas, y la proximidad a los supermercados, el gimnasio y el centro de la ciudad. Incluso calculó el porcentaje de horas de sol que podíamos esperar tener cada año, lo cual era muy importante en ese momento, ya que vivíamos en el lluvioso estado de Washington. Luego, cuando por fin llegó el momento, hizo un excelente trabajo negociando la tasa de interés de nuestra hipoteca, a fin de asegurarse de que nuestros pagos se ajustaran a nuestro presupuesto. Cuando compramos nuestra casa, no teníamos ni un solo centavo de deuda en la tarjeta de crédito.

Desde entonces, vivimos en la casa que compramos en Carolina del Sur, y no me imagino viviendo en otro lugar. Nuestros hijos juegan seguros en nuestro vecindario con un montón de amigos vecinos, nos encanta su escuela y nuestra casa es asequible, pero lo suficientemente grande como para albergar a niños en hogares de acogida o a nuestras familias cuando vienen de visita.

Si me hubiera salido con la mía, hubiéramos comprado una casa y nos habríamos mudado años antes de estar preparados de veras. Y aunque admito que me costó mucho someterme al liderazgo de Josh en ese momento, creo firmemente que Dios bendijo su liderazgo de servicio y mi sumisión para brindarnos un hogar aún mejor de lo que imaginábamos.

Al comprender que el matrimonio está diseñado para ser una imagen de Cristo y su iglesia, también comprendo que cuanto más nos relacionemos mi esposo y yo como lo hacen Cristo y la iglesia, mejor funciona nuestra relación.

La semejanza con Cristo por encima de la compatibilidad

En la universidad, dos de nuestros mejores amigos comenzaron un noviazgo. Adeline venía de una familia de solo chicas, y Nicholas, de una familia de solo chicos. Al principio de su relación, Adeline comentó que le gustaba que a Nicholas no le importara en absoluto la ropa que vestía. Por lo general, usaba un chándal con pantalones y chaqueta a juego o una camiseta grande metida por dentro de unos pantalones cortos de baloncesto. Para ella, el hecho de que no fuera superficial con respecto a su vestimenta era una gran cualidad. Y tiene razón, ¡lo es!

También recuerdo reírme con Adeline cuando, casi un año después de casarse, se quejó de lo difícil que era conseguir que Nicholas se preocupara por su ropa, que no usara siempre los mismos pantalones andrajosos, y de cómo ella tenía que hacerle todas las compras. No tardó mucho en que lo que antes consideraba una peculiaridad linda y positiva se convirtiera en una pequeña frustración.

Aunque nos guste pensar que podemos encontrar la pareja perfecta, no existen dos seres humanos que encajen como piezas perfectas de un rompecabezas. Si llevas algún tiempo de casado, ya lo sabes. La Biblia, en cambio, tiene un llamado mucho más alto para el matrimonio que la simple compatibilidad.

En Génesis, Dios dice que el hombre y la mujer deben unirse y ya no serán dos entidades separadas, sino una sola (Génesis 2:24). Jesús reiteró esto y citó el versículo de Génesis cuando dijo: «Por esto dejará el hombre a su padre y a su madre, y se unirá a su mujer, y los dos serán una sola carne; así que no son ya más dos, sino uno. Por tanto, lo que Dios juntó, no lo separe el hombre» (Marcos 10:7-9, RVR60).

El apóstol Pablo cita el mismo versículo de Génesis en su carta a la iglesia de Éfeso y añade: «Grande es este misterio, pero hablo con referencia a Cristo y a la iglesia» (Efesios 5:32, LBLA). Pablo señala el misterio de la unión de dos personas en una. Es un vínculo sobrenatural diseñado para representarle al resto del mundo la relación única que Cristo tiene con su iglesia. ¡Es una enorme responsabilidad!

Este vínculo también forma parte de la importancia del matrimonio. El matrimonio es mucho más que una vida más plena, feliz y estable; se trata de ser una ilustración tangible, tanto para creyentes como para no creyentes, de cuánto ama Cristo a la iglesia. Reflexionemos sobre esto por un momento. El matrimonio tiene un propósito más elevado, uno que no podemos tomar a la ligera. Y desde esta perspectiva, debemos preguntarnos: «¿Cómo representa con exactitud el matrimonio a Cristo ante el mundo?».

Tres maneras en que el matrimonio representa a Cristo ante el mundo

Creo que hay tres maneras únicas en que el matrimonio representa a Cristo ante el mundo, y descubrirás que son curiosamente similares a la misión de Cristo mientras estuvo en la tierra. El matrimonio cristiano perdona de manera radical, redime y nos hace más santos.

El matrimonio cristiano perdona de manera radical

Nuestra primera oportunidad para mostrarle al mundo a Cristo, y una que se presentará con mayor frecuencia, es la práctica del perdón radical. Incluso las parejas con los matrimonios más felices, deben aprender a practicar el perdón. Esto incluye esforzarse por perdonar cosas importantes, como la traición, pero también incluye desarrollar la fortaleza para perdonar las muchas pequeñas ofensas cotidianas que entorpecen una relación. Con el tiempo, las deficiencias de un cónyuge pueden ser como el goteo lento y enloquecedor de un grifo que nos hace sentir resentimiento y amargura. ¿Alguna vez le has pedido a tu cónyuge que cierre la puerta trasera antes de acostarse? ¿Se lo has pedido mil veces? Entonces entiendes a qué me refiero.

En su carta a la iglesia de Colosas, Pablo ofrece este consejo práctico sobre cómo los creyentes deben perdonarse unos a otros: «De modo que se toleren unos a otros y se perdonen si alguno tiene queja contra otro. Así como el Señor los perdonó, perdonen también ustedes. Por encima de todo, vístanse de amor, que es el vínculo perfecto» (Colosenses 3:13-14).

Perdonar con rapidez las pequeñas cosas es una manera de tolerarnos los unos a los otros. Esto es más importante de lo que parece, pues las pequeñas grietas de división como expectativas incumplidas, una palabra hiriente dicha con enojo, diferencias de personalidad o incluso el simple olvido, son las que, a la larga, pueden conducir a grandes divisiones. Al toleramos los unos a los otros, ejemplificamos el mismo amor que Cristo tiene por nosotros, tolerando las deficiencias humanas de los demás y ofreciendo perdón una y otra vez.

El matrimonio cristiano redime

En el contexto de la Palabra de Dios, la redención es el acto mediante el cual Dios libera a su pueblo de las cadenas del pecado y sus consecuencias. La redención nos saca de las tinieblas, algo que jamás podríamos lograr por nosotros mismos. De igual manera, en el matrimonio, tenemos la oportunidad única de mirar con sinceridad a nuestro cónyuge, de verlo tal como es, y luego, con amor, exhortarlo a acercarse a Cristo tanto en sus deseos como en sus acciones.

Es posible que no haya nadie más en el mundo que conozca tan bien los pecados con los que lucha tu cónyuge como tú. Del mismo modo, tu cónyuge puede ser el único que conoce los pecados a los que tú eres propenso. Esto les da a ambos la oportunidad y la responsabilidad de ser Cristo el uno para el otro, al llamarse mutuamente a salir del pecado y entrar en el servicio. Y debido a esto, Dios puede usar a ambos para llevar al otro a una relación más cercana con Cristo.

El matrimonio cristiano nos hace más santos

De manera similar, una relación matrimonial piadosa actúa como una piedra de afilar, el equivalente relacional de una herramienta que mantiene afiladas las espadas y otras herramientas. Como declara el libro de Proverbios: «Como el hierro se afila con hierro, así un amigo se afila con su amigo» (27:17, NTV). En otras palabras, a través de sus interacciones y compañerismo, los esposos y esposas pueden desafiarse, animarse y fortalecerse el uno al otro, tal como el hierro se afila con el hierro.

Esta idea de que el matrimonio nos hace más santos es muy diferente de lo que el mundo cree que debería ser una relación. La perspectiva del mundo es: «Si me señalas mis defectos o pecados, eres crítico y de mente cerrada. Si crees que puedo mejorar, no me aceptas como soy. Si tengo que perdonarte una y otra vez, me conformo con menos de lo que merezco».

Parte de lo que hace tan diferente al matrimonio cristiano es que tenemos el llamado a centrarnos sobre todo en nuestros cónyuges, no en nosotros mismos. No lo hacemos porque seamos menos importantes que nuestros cónyuges, sino porque, al igual que Cristo, tenemos el llamado a ser ejemplos de sumisión sacrificial el uno al otro. Cuando nuestra cultura dice: «Ámate a ti mismo», Jesús dice: «Niégate a ti mismo» (lee Mateo 16:24).

Sumisión mutua

En Efesios 5, cuando Pablo cita Génesis 2:24 (que los dos «serán una sola carne», LBLA) establece un paralelismo entre los papeles de los esposos y las esposas en el matrimonio y los papeles distintivos de Cristo y la iglesia. Esto significa que los esposos y las esposas pueden aprender a amarse el uno al otro ejemplificando su relación según lo que Dios planeó para Cristo y la iglesia.

Pablo comienza estableciendo el principio fundamental del matrimonio cristiano: «Sométanse unos a otros, por reverencia a Cristo» (Efesios 5:21). Esta sumisión mutua significa que nos servimos el uno al otro y le damos prioridad a las necesidades de nuestro cónyuge. Pablo entonces continúa describiendo cómo es esa sumisión tanto para el esposo como para la esposa, y cómo refleja la relación entre Cristo y la iglesia.

> Esposas, sométanse a sus propios esposos como al Señor. Porque el esposo es cabeza de su esposa, así como Cristo es cabeza de la iglesia, la cual es su cuerpo, y él su Salvador. Así como la iglesia se somete a Cristo, también las esposas deben someterse a sus esposos en todo.
>
> Esposos, amen a sus esposas, así como Cristo amó a la iglesia y se entregó por ella para hacerla santa. Él la purificó, lavándola con agua mediante la palabra, para presentársela a sí mismo como una iglesia radiante, sin mancha ni arruga ni ninguna otra imperfección, sino santa e intachable. (Efesios 5:22-27)

Las esposas pueden seguir el ejemplo de la iglesia y someterse a sus esposos, mientras que los esposos aman a sus esposas como Cristo amó a la iglesia y lideran con amor sacrificial. El papel del esposo es liderar con un amor dispuesto a morir, a fin de que la esposa viva, mientras que el papel de la esposa es el de ser capaz de ceder a la autoridad de su esposo y seguir su liderazgo, pero nunca seguirlo en el pecado.

Utilizo la frase «capaz de ceder» para describir la *disposición* a ceder y la *tendencia* a seguir, pues nunca se nos pide que sigamos de manera ciega a otro ser humano. Un esposo nunca sustituye a Cristo como autoridad suprema, y nunca se espera que las esposas sigan a sus esposos en el pecado. Sin embargo, incluso cuando una esposa cristiana tiene que tomar la decisión de permanecer con Cristo en contra de la voluntad pecaminosa de su esposo, aún puede demostrar un espíritu de sumisión. Puede demostrar, con sus actitudes y acciones, que no disfruta resistiéndose a la voluntad de su esposo y que espera que él abandone su pecado y guíe en rectitud. De esta manera, su disposición es honrarlo, y su liderazgo puede volver a estar alineado con Cristo.

En el matrimonio, las esposas siguen el ejemplo de la sumisión de la iglesia a Cristo, y los esposos siguen el ejemplo del amor de Cristo por la iglesia. Pablo comienza sus instrucciones para los esposos estableciendo el cimiento del amor: «Esposos, amen a sus esposas, así como Cristo amó a la iglesia y se entregó por ella» (Efesios 5:25). Los esposos deben liderar con la clase de amor sacrificial que está dispuesto a morir para que la esposa viva. Como dice Jesús: «El líder debe ser como un sirviente» (Lucas 22:26, NTV).

Cristo mismo fue ejemplo de este amor. Él amó tanto a la iglesia que se entregó por ella. Así que, cuando Pablo habla del papel del esposo, no visualiza a un dictador, sino a un líder siervo. El esposo debe liderar con humildad y estar dispuesto a poner las necesidades de su esposa antes que las suyas. Yendo aún más lejos, Pablo escribe: «Así mismo el esposo debe amar a su esposa como a su propio cuerpo. El que ama a su esposa se ama a sí mismo, pues nadie ha odiado jamás a su propio cuerpo; al contrario, lo alimenta y lo cuida, así como Cristo hace con la iglesia» (Efesios 5:28-29).

Al hablar a los esposos, Pablo afirma la unidad única del matrimonio, destacando que amar a nuestro cónyuge es amarse a uno mismo. Es obvio que si no amas a tu propio cuerpo, tendrás mucha menos eficacia en otros aspectos de tu vida. Por lo tanto, cuidar de tu cuerpo es una prioridad. Pablo dice aquí que los esposos deben hacer de su esposa una prioridad, por encima de todo lo demás, como si fuera su propia salud.

Lo lamentable es que, desde la caída de la humanidad registrada en Génesis, a menudo vemos resquebrajada la armonía matrimonial al distorsionar el liderazgo amoroso del esposo, transformándolo en dominación sin amor o indiferencia pasiva, y al distorsionar la sumisión inteligente y voluntaria de la esposa, transformándola en manipulación o desprecio flagrante. Sin embargo, por la gracia de Dios, las parejas cristianas aún pueden reflejar una imagen de la relación de Cristo con la iglesia, una que le muestra el amor de Dios al mundo. Las esposas pueden vivir una verdadera sumisión siguiendo el ejemplo de la intención de Dios para la iglesia, y los esposos pueden vivir una verdadera dirección siendo ejemplos de liderazgo según el servicio amoroso de Cristo a la iglesia. Al hacerlo, las parejas se priorizan de manera radical mutuamente sobre sí mismas, alejándose de los valores del «yo primero» de nuestra cultura y mostrando el hermoso plan de Cristo para redimir a su pueblo.

Jesús oró por nuestra unidad

Cerca del final de su ministerio terrenal, Jesús oró por sus discípulos y por todos los que llegarían a creer en Él.

> No ruego solo por estos. Ruego también por los que han de creer en mí por el mensaje de ellos, para que todos sean uno. Padre, así como tú estás en mí y yo en ti, permite que ellos también estén en nosotros, para que el mundo crea que tú me has enviado. Yo les he dado la gloria que me diste, para que sean uno, así como nosotros somos uno: yo en ellos y tú en mí. Permite

> que alcancen la perfección en la unidad, y así el mundo reconozca que tú me enviaste y que los has amado a ellos tal como me has amado a mí. (Juan 17:20-23)

Me parece interesante que Jesús orara por la unidad completa, pero no por la uniformidad. En otras palabras, no le pidió a Dios que hiciera que sus seguidores fueran compatibles por completo entre sí ni que a todos los hiciera iguales. Tampoco le pidió que hiciera que sus seguidores trabajaran juntos de forma más eficiente, utilizando sus talentos complementarios. En cambio, le pidió a Dios la unidad entre sus seguidores, pues esto le mostraría al mundo que Él, Jesús, es de veras nuestro Salvador.

Así como el Padre, el Hijo y el Espíritu Santo son uno, y como Cristo y su iglesia son uno, los esposos y las esposas también son uno. Cuando el mundo dice: «Yo», Dios dice: «No. *Ellos*». En esta unidad, el matrimonio puede ser un testimonio, tanto para creyentes como para no creyentes, del deseo de Cristo de ser uno con nosotros y puede actuar como un faro de perdón, redención y santidad para el mundo.

Reflexión

- Recuerda, en pocas palabras, una ocasión en la que priorizaste las necesidades de tu cónyuge sobre las tuyas. ¿Qué requirió esa decisión? Ahora recuerda una ocasión en la que tu cónyuge priorizó tus necesidades sobre las suyas. ¿Cómo fue tu cónyuge un ejemplo de amor sacrificial? ¿Cómo impactaron las decisiones que ambos tomaron en su relación?

- El matrimonio cristiano le representa a Cristo al mundo mediante el *perdón radical*, una *mentalidad redentora* y el *crecimiento en santidad*.
  - ¿Cuál de estas tres has experimentado más en tu matrimonio? ¿Cuál te gustaría experimentar más?
  - ¿Cómo caracterizarías la práctica del perdón en tu matrimonio? Por ejemplo: ¿perdonan ustedes con gusto o a regañadientes? ¿Es el perdón superficial o radical?
  - ¿En qué aspectos de tu carácter o comportamiento quisieras que tu cónyuge te afile, exhortándote a ser tu mejor versión?

- ¿Cuáles son algunas pequeñas quejas en tu matrimonio, el tipo de irritaciones cotidianas que podrían convertirse en fuentes de resentimiento tanto para ti como para tu cónyuge? ¿De qué maneras, si las hay, ya eligen perdonarse y tolerarse el uno al otro con amor? ¿Qué impacto ha causado en su habilidad de perdonarse el decidir tolerarse el uno al otro o no tolerarse?

- Permítete soñar un poco sobre cómo esperas que tú y tu cónyuge representen a Cristo al mundo a través de su matrimonio. ¿Qué te viene a la mente? ¿Qué se requiere de ti para hacer realidad tus esperanzas? ¿Qué podrías ganar al priorizar tu propósito común sobre los deseos individuales?

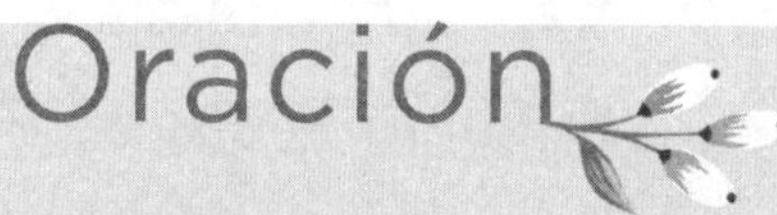

Oración

Pídele a Dios que:

- te ayude a darle prioridad a las necesidades de tu cónyuge antes que a las tuyas, y a ser ejemplo del amor sacrificial en tu matrimonio.
- te dé un corazón presto para perdonar a tu cónyuge, aun en las cosas pequeñas, y paciencia para tolerar a tu cónyuge en amor.
- te dé sabiduría para ser una fuente de redención en la vida de tu cónyuge, animándole a buscar la justicia y la santidad.
- los una y les permita estar dispuestos a poner a un lado los deseos individuales para enfocarse en su propósito común para representarle a Cristo al mundo.

CAPÍTULO 8

La humildad que sana

Crecí en una iglesia donde todos nos conocíamos, lo que significaba que todos nos inmiscuíamos en los asuntos de los demás. Si te gustaba un chico o te portabas mal, ten la seguridad de que alguien se lo contaría a tus padres. Si un esposo o una esposa tenía una aventura amorosa y la pareja estaba en consejería, la noticia corría como la pólvora. Sin embargo, estar al tanto de los asuntos de los demás también significaba que podías contar con que trajeran comida durante meses si tenías un bebé recién nacido o estabas luchando contra el cáncer. Además, era muy probable que alguien tuviera la pieza de repuesto que necesitabas para tu auto y te la diera con mucho gusto. Así que, aunque no éramos perfectos, hacíamos todo lo posible por amar a Dios y vivir en comunidad unos con otros.

A menudo, mi mamá trataba de que mis tres hermanas y yo la acompañáramos cuando hacíamos voluntariado en los eventos del ministerio de mujeres. No era difícil convencer a una o dos de nosotras. Llegábamos temprano, preparábamos las mesas y la comida, y pasábamos tiempo con las demás mujeres en la iglesia. Anette era una de esas mujeres que asistía o servía con regularidad en estos eventos. Era una mujer mayor que siempre venía sola a la iglesia, a pesar de estar casada.

En la iglesia, solíamos hablar de Anette con compasión y respeto. ¿Cómo era posible que fuera tan fuerte con tan poca ayuda? Después de todo, en la clase de mujeres de la Escuela Dominical, pedía con frecuencia oración por Jim, su esposo alcohólico, que se negaba a asistir a la iglesia con ella. Aunque muchos nunca habíamos visto a Jim, me imaginaba que era una persona bastante desagradable por abandonar a su esposa así. Un día, en cambio, sucedió lo impensable: Jim vino a la iglesia.

Recuerdo que intentaba no mirar con fijeza, pero quería reconciliar al hombre mayor que estaba frente a mí con los rumores que había oído sobre él durante años. Era tranquilo y tenía una mirada cautelosa, aunque notaba que se esforzaba por interactuar con gente que su esposa conocía desde hacía años. No debía ser fácil entrar en un lugar nuevo, sabiendo que tu reputación se había forjado años antes. Dicho esto, la iglesia estaba más que emocionada de recibir a Jim y darle la bienvenida.

Poco después de ese primer domingo, Jim empezó a buscar ayuda para su problema de alcoholismo asistiendo a grupos de apoyo para adicciones, y reuniéndose con los pastores de la iglesia para recibir consejería y guía espiritual. La iglesia, en especial la clase de mujeres de la Escuela Dominical, apenas podía creer que después de tantos años, Anette por fin estuviera consiguiendo lo que había soñado durante tanto tiempo. ¡Qué hermoso regalo de la gracia de Dios!

O eso creíamos. Un año después, lo impensable volvió a ocurrir cuando Anette decidió dejar a Jim y la iglesia.

Al final, la recuperación de Jim cambió la dinámica de su matrimonio, lo que tuvo consecuencias inesperadas para Anette. Se había acostumbrado a su papel como una amada miembro de la iglesia, que también incluía ser la cabeza de familia y líder espiritual, ya que el alcoholismo de Jim se lo impedía. Y estaba acostumbrada a la compasión y los elogios que recibía con regularidad por mantenerse fuerte en una situación tan desafortunada. Sin embargo, ahora que Jim estaba tomando medidas para mejorar su vida, superando su adicción y creciendo espiritualmente, Anette ya no sentía el mismo respeto basado en la compasión que antes. No es que la opinión de nadie hubiera cambiado acerca de *ella*, sino que todos entendíamos que su vida ya no tenía las mismas dificultades, y nos alegrábamos por eso.

Lo que no nos dimos cuenta durante todos esos años fue que Anette, de una manera comprensible y humana, tenía un fuerte sentido de superioridad sobre su esposo. Era la persona fuerte y fiel que nunca había caído en la adicción. Y muchos a su alrededor también la veían así. Con el tiempo, ser la persona fuerte y fiel en una situación difícil se convirtió en la identidad de Anette, y le gustaba que la vieran como una inspiradora líder espiritual. Entonces, cuando por la gracia de Dios Jim empezó a cambiar su vida, la idea de que Anette era superior a Jim comenzó a desvanecerse. Y sin darse cuenta. Anette perdió su fuente de identidad. Así que abandonó su matrimonio.

Aunque pueda ser tentador negar con la cabeza ante lo que le sucedió a Anette, quizá no nos demos cuenta de que muchos tenemos algo en común con ella en cuanto a la fe. Es más, la incapacidad de Anette para comprender que tanto ella como su esposo eran seres caídos y necesitados de gracia era un problema tan común en los días de Jesús, que Él lo abordó en una parábola.

La parábola de un padre y dos hijos

Tanto cristianos como no cristianos conocen bien la historia. A menudo la llamamos la «parábola del hijo pródigo» o la «parábola del hijo perdido». Sin embargo, en lugar de que la historia trate solo de un hijo, creo que Jesús nos está enseñando a propósito una lección acerca de *dos* hijos: uno que está perdido, y es evidente que necesita gracia y perdón, y otro que está convencido de que no necesita perdón alguno.

En la primera parte de la historia, el hijo menor exige su herencia con anterioridad, antes de la muerte de su padre. En esencia, dice: «No me importas para nada. Solo dame la mitad de tu fortuna y me voy». Y en vez de echarlo con ira, el padre soporta su rechazo y le da al hijo lo que pide. Mientras tanto, el mayor se queda con su padre y sigue haciendo lo que hace cualquier buen hijo.

Cuando el hijo menor gasta la herencia y se da cuenta de que esta autonomía pecadora solo lo ha llevado al dolor y a la ruina, hace un plan para volver a la casa de su padre, esperando calmar su enojo: «Me levantaré e iré a mi padre y le diré: Papá, he pecado contra el cielo y contra ti. Ya no merezco que se me llame tu hijo; trátame como si fuera uno de tus jornaleros» (Lucas 15:18-19).

En cambio, todos sabemos lo que sucede. Cuando el padre ve a su hijo de lejos, se llena de compasión y corre para abrazarlo. El padre ni siquiera escucha su plan de ganarse su lugar. Por el contrario, hace una fiesta e invita a todos a celebrar el regreso de su hijo. Aun así, no todos tienen interés en celebrar: «Indignado, el hermano mayor se negó a entrar» (Lucas 15:28).

Entonces, la escena cambia y se enfoca en el hijo mayor, que se niega a entrar a la casa y disfrutar de la fiesta. Cuando el padre lo encuentra sentado afuera y le suplica que entre, el hijo mayor revela su resentimiento y celo:

> «“¡Fíjate cuántos años te he servido sin desobedecer jamás tus órdenes y ni un cabrito me has dado para celebrar una fiesta con mis amigos! ¡Pero ahora llega ese hijo tuyo, que ha despilfarrado tu fortuna con prostitutas, y tú mandas matar en su honor el ternero más gordo!”.
>
> »“Hijo mío —le dijo su padre—, tú siempre estás conmigo y todo lo que tengo es tuyo. Pero teníamos que hacer fiesta y alegrarnos, porque este hermano tuyo estaba muerto, pero ahora ha vuelto a la vida; se había perdido, pero ya lo hemos encontrado”». (Lucas 15:29-32)

En otras palabras, el hermano mayor le dice al padre: «¿Cómo te atreves a usar nuestra fortuna así?». Recuerda, como el hijo menor ya había recibido su herencia, a la larga todo lo que quedaba de la fortuna del padre iría al hijo mayor. Así que, sintiéndose el protector de su futura herencia, que cree que se ha ganado, el hermano mayor piensa que tiene una opinión acerca de las cosas de su padre.

En parte, Jesús nos dice que ambos hijos quieren lo mismo; solo que abordaron el asunto de manera diferente. Ambos solo querían lo que el padre les podía dar, más que al padre mismo. Ambos usaron al padre para obtener lo que deseaban de veras. El hijo menor quería asegurar el estatus, el poder y la riqueza mediante la autonomía y las búsquedas mundanas. Cuando eso falló, pensó recuperarlo trabajando como jornalero. El hijo mayor quería el mismo estatus, poder y riqueza, pero trató de ganarlo a través de la lealtad y la obediencia. Al final, ambos hijos terminaron infelices con el resultado de sus esfuerzos.

A su regreso, el hijo menor recibe una efusiva bienvenida, pero no porque acepte conformarse mediante la obediencia, como su hermano. Le reciben y festejan, pues al final se da cuenta de lo que se ha estado perdiendo: a su propio padre. Jesús intenta recalcar que el evangelio no es como cualquier otra religión. No se trata de ganarnos la gracia de Dios, con la vida eterna en el cielo como recompensa. Tampoco se trata de obtener todos los beneficios materiales que podemos recibir de nuestra relación con Dios mientras estamos en la tierra. Jesús contó esta parábola para desafiar todo lo que sus oyentes, una mezcla de recaudadores de impuestos, pecadores y líderes religiosos judíos, creían sobre quién merece el favor de Dios y cómo se obtiene. Quería que entendieran que nadie es superior, que todos tenemos el mismo estatus ante Dios y que todos necesitamos la gracia.

Por supuesto, sabemos que la Biblia enseña que vivir en pecado está mal, pero lo que a menudo no reconocemos es que también es posible pasarnos toda la vida esforzándonos por obedecer a Dios (así como el hermano mayor intentó obedecer a su padre) y perder por completo de vista a Dios. El hijo mayor hizo lo que nosotros solemos hacer: confiar en nuestra propia capacidad para ser buenos. Cuando confiamos en nuestra capacidad de seguir las reglas, a fin de ganarnos el favor de Dios, eliminamos por completo la necesidad de Jesús y del evangelio.

Todos podían ver con claridad el pecado del hijo menor, y cuando este se dio cuenta de que había estado perdiendo una relación con su padre todo este tiempo, decidió dejar atrás su antigua vida. Esto significó humillarse por completo, pidiendo ayuda y perdón cuando sabía que no lo merecía.

Jesús cuenta la historia de los dos hijos para comparar sus singulares ideas erróneas sobre su necesidad del padre. Nos muestra que el camino a la vida que anhelamos no pasa por la autocomplacencia, ni *tampoco* por el conformismo. Los dos hijos estaban equivocados. En cambio, nuestra verdadera herencia, la que nos brinda el gozo duradero, proviene de una relación de amor con Dios Padre. No solo eso, sino que nuestra relación con el Padre es posible únicamente por su iniciativa. Observa cómo fue el padre el que se humilló al tomar la iniciativa de buscar a sus dos hijos. El padre corrió por el camino para recibir al menor a su regreso, y salió a hablar con el hijo mayor cuando este se negó a unirse a la fiesta.

Lo que pudo haber sorprendido a quienes escuchaban la historia de Jesús en ese momento es que el hijo menor fue quien se unió al padre en su casa. Debido a que decidió humillarse y buscar la gracia del padre, lo recibieron con los brazos abiertos. Jesús deja la historia sin terminar para el hijo mayor que, al final, sigue sentado afuera, negándose a entrar a celebrar el regreso de su hermano, a causa de su propio orgullo y resentimiento acumulado.

Lo lamentable es que esto es con exactitud lo que vimos con Anette y Jim. Sí, Jim había vivido en pecado durante muchos años. Nadie podía negarlo, ni siquiera él mismo. Sin embargo, cuando se humilló y buscó una relación con el Padre, lo recibieron con agrado y todos lo celebraron. ¡Qué maravilloso es cuando nos damos cuenta de la desesperada necesidad que tenemos de la gracia del Padre!

En comparación, a Anette le costó muchísimo comprender y aceptar su propia necesidad de gracia, ya que, al igual que el hermano mayor de la parábola, se había esforzado fielmente por vivir una vida buena de la que pudiera enorgullecerse. Su incapacidad para comprender su propia necesidad de gracia no solo endureció su corazón contra su esposo, sino también contra Dios.

Aunque los detalles de nuestra historia difieran de la de Anette, el problema de corazón que ella enfrentó es uno que muchos de nosotros enfrentamos cuando no reconocemos que también necesitamos mucho de la gracia y del perdón. En cambio, confiamos en nuestra propia superioridad, lo cual no solo nos separa del Padre, sino que también tiene el potencial de hacernos abusar de nuestro cónyuge.

Evaluación del sentido de superioridad

Es probable que haya momentos en los que tanto tú como tu cónyuge se sintieran superiores el uno al otro: que saben más, son más justos, más maduros o mejores personas que su pareja. Lo importante es ser consciente de estos sentimientos y darse cuenta de cuándo podrían estar transformándose en una mentalidad.

A continuación, se enumeran diez ejemplos de comportamientos que caracterizan a quienes tienen una mentalidad de superioridad. Al leer la lista, considera cualquier comportamiento o tendencia reciente que reconozcas en ti.

Puedes tener un sentido de superioridad si...

- **criticas una y otra vez.** Criticas con frecuencia las elecciones, acciones o decisiones de tu cónyuge y crees que tu manera de actuar siempre es la adecuada.
- **careces de empatía.** Ignoras los sentimientos o preocupaciones de tu cónyuge y crees que tus emociones y necesidades son más importantes o válidas.
- **dominas la toma de decisiones.** Tiendes a tomar decisiones en la relación sin tener en cuenta las opiniones ni los deseos de tu cónyuge, asumiendo que tu criterio es superior.
- **interrumpes e ignoras.** Interrumpes con frecuencia a tu pareja durante conversaciones o discusiones y no valoras su perspectiva ni sus ideas.
- **estás a la defensiva y desvías la culpa.** Siempre que surgen conflictos, una y otra vez desvías la culpa hacia tu cónyuge o las circunstancias, y rara vez asumes la responsabilidad de tus acciones.
- **te burlas o ridiculizas.** Menosprecias a tu cónyuge usando sarcasmo, burla o ridiculización al hablar con él o sobre él.
- **estableces estándares poco realistas o unilaterales.** Esperas que tu cónyuge cumpla estándares o metas poco realistas que no te aplicarías a ti mismo.
- **ignoras las contribuciones de tu cónyuge.** No reconoces las contribuciones de tu cónyuge a la relación, ya sea que estas tengan que ver con las tareas domésticas, el cuidado de los niños u otras responsabilidades.
- **comparas a tu cónyuge con los demás.** Constantemente comparas a tu cónyuge con otros, destacando sus faltas o defectos.

- **te niegas a ceder.** No estás dispuesto a ceder e insistes en salirte con la tuya en la mayoría de las situaciones.

Las relaciones saludables se basan en el respeto mutuo, la igualdad y la disposición a trabajar juntos como pareja. Si reconoces alguno de estos comportamientos en tu vida, dedica unos minutos a orar, entrégaselo a Dios y pídele que te ayude a cambiar esta mentalidad.

La superioridad es un acoso

A veces acosan a mis hijos. Como madre, es una sensación terrible y desgarradora ver a mi hijo bajar del autobús y saber de inmediato que algo anda mal. Me mira con los ojos rojos y llorosos, como si dijera: «¿Dónde estabas cuando te necesitaba?».

Entonces le digo: «Oye, chico, ¿estás bien? ¿Pasó algo?». Y la historia sale a borbotones. Quizá otro niño lo llamó pequeño y débil, le quitó el premio que se ganó en la clase o lo dejaron fuera de un juego en el recreo.

Mi primera reacción es querer saber *todos* los detalles. ¿Quién fue el acosador? ¿Qué dijo con exactitud? ¿Qué le respondiste? ¿No había un maestro cerca? ¿Se lo contaste a un adulto? ¿Estás bien?

No importa de qué se tratara el acoso, la conversación casi siempre termina conmigo diciendo algo como: «Los niños que dicen cosas hirientes suelen intentar sentirse mejor consigo mismos».

Aunque no quiero que intimiden a mis hijos, sé lo que sucede. También sé que es probable que mis hijos fueran culpables de decir palabras desagradables, ya sea que solo les pareciera gracioso en ese momento o que intentaran menospreciar a alguien para parecer superiores. Aunque enseñamos a nuestros hijos a no hacer estas cosas, crear maneras de sentirnos superiores a los demás es algo muy natural, y no superamos ese impulso con la edad.

Es más, puede aparecer incluso en el matrimonio, y mucho. Puede que no parezca empujar a tu pareja en el parque o decirle que se ve raro, pero de seguro que se manifiesta de otras maneras.

¿Alguna vez te has encontrado rumiando sobre todas las pequeñas cosas que tu cónyuge ha hecho para herirte, llevando una meticulosa lista mental de cada desaire percibido? Quizá hasta hayas sacado a relucir estos agravios del pasado durante una discusión, usándolos como munición moralista. O tal vez hayas pasado un día entero ocupado completando una larga lista de tareas del hogar, solo para sentirte superior y resentido a la vez cuando tu cónyuge ha logrado completar solo un par de tareas de forma desordenada. O quizá tu cónyuge cruzó un límite que sabías que tú *nunca* cruzarías, y ahora alimentas ese recuerdo y esos sentimientos de superioridad sobre tu cónyuge. Si es así, sabes lo que es ser un acosador en tu matrimonio: pensar y decir cosas hirientes para sentirte mejor contigo mismo.

Ahora bien, no digo que debamos ignorar el comportamiento hiriente, esconderlo bajo la alfombra en nombre del perdón o fingir que lo aceptamos para «mantener la paz». No, debemos abordar estos problemas, lo que incluye reconocerlos y confrontarlos. Sin embargo, también debemos cuidarnos de usar estas ocasiones para reforzar nuestro sentido de rectitud o superioridad. Sí, debemos hablar sin rodeos sobre las heridas del pasado, sobre los aspectos en los que nuestro cónyuge puede estar fallando o incluso cometiendo pecados evidentes. Y sí, puede que necesitemos buscar ayuda y consejería para estos asuntos. En cambio, no podemos ser abusadores, menospreciando a nuestro cónyuge para sentirnos mejor con nosotros mismos.

Cuando necesites abordar un asunto con tu cónyuge, empieza por evaluar tus propios motivos, en especial si ambos se encuentran en diferentes momentos espirituales. Evita sentirte como la mejor persona, esa que nunca habría cruzado esa línea, la persona que no necesita que la perdonen. En su lugar, ora por humildad y procura alinear tu corazón con el de Dios.

Todos necesitamos este realineamiento con regularidad. Es fácil subirse al pedestal cuando ves que tu cónyuge falla en maneras que podrían ser tus fortalezas, pero no olvides que tú también tienes fracasos y debilidades. Al igual que el comportamiento del hijo mayor de la parábola, aunque la lista de maneras en que has desobedecido a Dios parezca bastante corta, tu condición no es diferente a la de esos cuya lista de pecados puede ser más larga. Dios ve los verdaderos motivos detrás de tu obediencia y la autocomplacencia que sientes al compararte con los demás.

Así que, si sientes resentimiento hacia tu cónyuge, háblale, pero no seas un abusador. Acércate con un corazón humilde y con el deseo de reconciliación. Busca la dirección de Dios antes, durante y después de comunicarte con tu cónyuge. Pídele a Dios que los lleve a ambos a un lugar de plena reconciliación y perdón, no porque quieras salir victorioso, sino porque una relación humilde, unida y llena de gracia refleja el amor de Cristo por ti, tu cónyuge y el resto del mundo.

Reflexión

- ¿De qué manera, si es que hay alguna, se identifican con la dinámica relacional de Anette y Jim? Por ejemplo, ¿alguno de ustedes es siempre el «bueno» o el «malo» en su matrimonio? De ser así, ¿cómo ha impactado esta dinámica en su relación?
- En la parábola de Jesús del padre y los dos hijos, ambos desean algo del padre, pero lo consiguen de diferentes maneras.
- ¿Cuál de los dos hijos representa mejor tu camino espiritual y tu relación con Dios? Por ejemplo, ¿en qué se parece tu corazón al del hermano menor o al del mayor?
- ¿De qué manera, si es que hay alguna, te has desviado de Dios al intentar ganarte su favor, por ejemplo, sirviéndole, tratando de ser mejor que los demás o intentando hacer todo lo adecuado?
- En tu matrimonio, ¿cuándo es más probable que actúes como un abusador con tu cónyuge, menospreciándolo para sentirte mejor contigo mismo? ¿Cuándo es más probable que seas humilde, es decir, que te acerques a tu cónyuge con gracia y reconciliación?

Oración

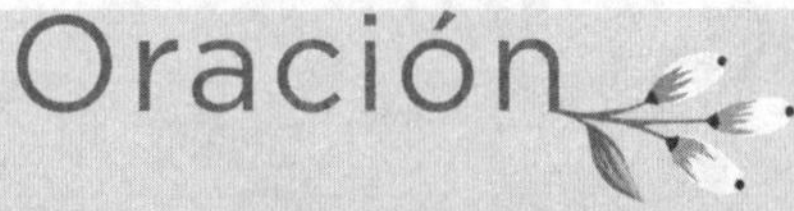

Pídele a Dios que:

- te ayude a reconocer cuándo te sientes superior a tu cónyuge, a fin de que puedas tomar la decisión de verle con amor, tal como hace Dios.
- te mantenga humilde ayudándote a reconocer tu propia necesidad de su gracia y misericordia.
- abra tus ojos al gozo de tener una relación con él en lugar de solo centrarte en lo que puedes obtener de él.
- te proporcione el valor que necesitas para practicar la humildad y el perdón en tu matrimonio.

PROFUNDICEMOS

Cultiva hábitos de gracia

El propósito de Jesús al tomar forma humana y venir a la tierra fue reconciliarnos con Dios. Lo hizo al asumir la plenitud de nuestra humanidad, a fin de poder soportar la plenitud de nuestra vergüenza. Eso significa que comprendía a la perfección lo que significa ser humano, y se identificaba con nosotros. Al hablar de Jesús como nuestro Sumo Sacerdote, el autor de Hebreos escribe estas palabras:

> Nuestro Sumo Sacerdote comprende nuestras debilidades, porque enfrentó todas y cada una de las pruebas que enfrentamos nosotros, sin embargo, él nunca pecó. Así que acerquémonos con toda confianza al trono de la gracia de nuestro Dios. Allí recibiremos su misericordia y encontraremos la gracia que nos ayudará cuando más la necesitemos. (Hebreos 4:15-16, NTV)

Como creyentes, debemos extenderles a los demás este ministerio de reconciliación que nos enseñó Jesús. Lo logramos, en parte, al hacer de la gracia la base de todas nuestras relaciones, sobre todo en nuestro matrimonio.

Colmar a tu cónyuge de gracia es esencial para que tu matrimonio refleje la relación que Cristo desea tener con su iglesia. Visto así, el matrimonio se convierte en un ministerio de reconciliación en el que tienes oportunidades diarias de practicar todas las gracias que se abordaron en los capítulos anteriores: perdón, vulnerabilidad, unidad y humildad. De esta manera, cuando broten chispas de frustración y agravio, estarás preparado para apagar cualquier fuego antes de que incendie tu relación.

Ejercicio del diario: Cultiva hábitos de gracia

Tómate un tiempo para identificar cualquier cosa que te esté llevando a sentirte siempre frustrado con tu cónyuge. Los problemas que identifiques pueden ser pequeños, como que tu pareja pierda las llaves a cada momento, llegue tarde o pase demasiado tiempo con dispositivos electrónicos. O pueden ser problemas más graves, como un patrón de gastos excesivos, usar el sarcasmo o el humor para menospreciarte, o problemas relacionados con el estrés. Usa las siguientes preguntas como punto de partida:

- ¿Qué problemas en nuestro matrimonio me están causando enojo o frustración, por ejemplo, comportamientos, actitudes u otros patrones?
- ¿Son ofensas que debo afrontar, molestias cotidianas o algo más?

- ¿Qué me dificulta concederle gracia a mi cónyuge por estas cosas?

A continuación, marca con un círculo dos de los problemas que identificaste y úsalos como enfoque para el resto del ejercicio. Por cada uno, considera cualquier antecedente o factor subyacente que pueda ayudarte a comprender las razones de su comportamiento. Por ejemplo, si tu cónyuge gasta demasiado con frecuencia, quizá se criara en una familia donde las deudas con tarjetas de crédito eran normales, o el hecho de que algo sea una prioridad para él que no lo sea para ti (por ejemplo, muebles acogedores, el mejor jardín del barrio, ropa bonita, etc.). Escribe el nombre del primer problema que marcaste con un círculo y, debajo, enumera de tres a cinco antecedentes o factores subyacentes que puedan estar influyendo en el comportamiento de tu cónyuge. Luego, haz lo mismo con el segundo problema. Por ejemplo:

Gastos excesivos

- *Mi esposo creció en un hogar monoparental con tres hermanos y a menudo tenía que prescindir de las cosas que necesitaba.*
- *Usar ropa nueva puede ser una forma de que mi esposo compense las burlas por la ropa usada que tuvo que usar de niño.*
- *Mi esposo está bajo mucha presión en el trabajo ahora mismo, y comprar ropa nueva puede ser una forma de relajarse o recompensarse.*

A continuación, considera cuál podría ser una respuesta con gracia a este problema. Ten en cuenta que la gracia no equivale a guardar silencio ni hacer la vista gorda. En cambio, debe ser una respuesta que demuestre que comprendes, o deseas comprender, la postura de tu cónyuge; que deseas abordar el comportamiento con gracia; y que tu objetivo es el crecimiento personal de tu cónyuge y la reconciliación en su relación.

Con respecto al problema del gasto excesivo, una respuesta con gracia podría ser iniciar una conversación sobre el presupuesto. Escribe lo que podrías decir para iniciar la conversación. Por ejemplo:

> ¡Eh!, he notado que has estado gastando unos trescientos dólares al mes en suplementos nutricionales y un equipo nuevo para hacer ejercicio. Sé lo importante que es para ti el ejercicio y quiero apoyarte en eso. Sin embargo, me preocupa cómo esto afecta nuestro presupuesto. ¿Estarías dispuesto a hablar de eso para que podamos decidir un presupuesto realista para equipo de ejercicio y suplementos?

Sean cuales sean los problemas que te estén causando frustración o enojo, tu objetivo al abordarlos es proteger tu matrimonio infundiendo gracia en tu cónyuge. Y la gracia es aún más poderosa cuando la conviertes en un hábito, algo que practicas a diario.

Durante los próximos siete días, haz de la gracia un hábito buscando oportunidades para colmar a tu cónyuge con una de las cuatro expresiones de gracia que vimos en los capítulos anteriores: perdón, vulnerabilidad, unidad, humildad. Al principio o al final de cada día, usa las siguientes indicaciones para documentar tus experiencias:

- Tuve la oportunidad de colmar a mi cónyuge de gracia cuando...
- Le ofrecí gracia (perdón, vulnerabilidad, unidad o humildad) al... O no le ofrecí gracia en ese momento, pero la próxima vez lo haría al...
- Lo que aprendí sobre mí y mi cónyuge con esta experiencia es...

Después de completar tus siete entradas de diario, revisa brevemente lo que anotaste cada día. Escribe otra entrada para reflexionar sobre las siguientes indicaciones:

- Lo más importante que aprendí esta semana sobre practicar la gracia con mi cónyuge es...
- Quiero seguir haciendo de la gracia un hábito en nuestro matrimonio...

Cuando hacemos de la gracia un hábito, glorificamos a Dios. Él se regocija por nosotros cuando les extendemos a nuestro cónyuge y a los demás la misma gracia que nos concede Jesús.

Reimagina tu matrimonio con gracia

Imagina un futuro donde la gracia sea tu respuesta natural y el perdón, la vulnerabilidad, la unidad y la humildad sean parte natural de tus interacciones con tu cónyuge. Imagina un matrimonio donde el enojo y la frustración se extingan de inmediato con las aguas de la gracia. Esta es la promesa de la gracia en el matrimonio: un futuro en el que tú y tu cónyuge se acercarán cada vez más, convirtiéndose en un faro del amor y de la reconciliación de Dios.

Al esforzarte por cultivar hábitos de gracia en tu matrimonio, recuerda que este es un camino, no un destino. No siempre acertarás, y no hay problema: el simple hecho de esforzarte glorifica a Dios. Así como Él se regocija por ti cuando le muestras gracia a tu cónyuge, tu matrimonio puede convertirse en un testimonio del poder transformador de la gracia.

Así que sigue profundizando en las gracias del perdón, la vulnerabilidad, la unidad y la humildad. Sigue buscando oportunidades para mostrarle gracia a tu cónyuge cada día. Y, lo más importante, sigue el ejemplo de Cristo. Con su ayuda, puedes cultivar un matrimonio que glorifique a Dios y llene de gozo sus corazones.

TERCERA PARTE

EXTIENDE LAS RAMAS

Mi amiga Jeany acababa de regresar de su último viaje misionero a un país del sudeste asiático, y nos reunimos para tomar un café y ponernos al día. Jeany es una consejera con experiencia en emergencias e intervención, y realizó el viaje para ayudar a las víctimas de la trata de personas, y para impartir clases de defensa personal y *jiu-jitsu*. Mientras me contaba sus experiencias, pensé: *¡Vaya, es increíble! ¡Viajando por todo el mundo, predicando el evangelio, ayudando a las víctimas y enseñando artes marciales!». Y aquí estoy yo, con manchas de avena en mi sudadera del desayuno de los niños esta mañana. Y estoy bastante segura de que también hay algunas de ayer. Me gustaría tener el mismo impacto en el mundo que ella.*

Al llegar a casa, pasé una carga de ropa de la lavadora a la secadora y empecé a preparar la cena. Tenía que hacer el doble, pues íbamos a llevarle comida a una familia del barrio que acababa de llegar con su primer bebé; de seguro que no les apetecería cocinar esa noche. Josh y David entraron por la puerta del garaje, seguidos de Eduardo, el amigo y compañero de fútbol de David.

«¿Te parece bien que Eduardo coma aquí esta noche?», preguntó Josh, disculpándose por la sorpresa.

«¡Claro!» respondí. «De todas formas, voy a preparar más».

Después de cenar, Josh y yo dimos un paseo nocturno para poder hablar y prepararnos mentalmente para la acogida temporal que habíamos acordado recibir en un par de días.

—Me tomé el viernes libre —le comenté—, pero necesito estar allí para una llamada. ¿Estarán bien tú y los niños solos un ratito?

–Sí, estaremos bien —dijo Josh—. Quizá pueda llevar a los niños al parque acuático una hora más o menos.

—Ah, sí, buena idea. Les encantaría —contesté.

Mientras me cepillaba los dientes y me preparaba para dormir esa noche, reflexioné sobre el día: sobre mi conversación con Jeany y todo lo que sucedió al llegar a casa. Fue entonces que me di cuenta de que, si bien nunca había viajado al sudeste asiático para predicar el evangelio y enseñar *jiu-jitsu*, nuestro matrimonio me ofreció oportunidades únicas para expandir mi fe y mostrar el amor de Dios a quienes me rodeaban.

Cuando Josh y yo éramos novios en la universidad, a veces nos quedábamos hasta tarde hablando de nuestros sueños de ir juntos al campo misionero y adoptar un montón de niños. Incluso a los dieciocho años, teníamos grandes planes sobre cómo íbamos a «bendecir a Dios» y cambiar al mundo con nuestra generosidad. Para ser sincera, debo admitir que mi deseo de ir al campo misionero también me dio un sentido de más madurez espiritual que mis compañeros que estudiaban derecho o negocios.

Unos años después, Dios me había dado humildad y mis grandes planes de ayudarlo. Josh y yo estábamos casados, teníamos dos bebés, trabajábamos en empleos con salarios casi mínimos y aún vivíamos en la misma ciudad universitaria. Aunque servíamos en nuestra iglesia local, no sentíamos que estuviéramos ni cerca de vivir nuestro sueño de servir en un campo misionero en el extranjero. Es más, ni siquiera nos iba tan bien en nuestra ciudad natal. Nuestro matrimonio era tenso; estábamos estresados; y yo tampoco me habría considerado excepcionalmente madura en lo espiritual.

No fue hasta que pasaron algunos años más, cuando comenzamos a renunciar a nuestros ídolos, a aceptar nuestros sueños con la mano abierta y a encontrar de veras gozo en Cristo y en quién es Él, que nuestro matrimonio empezó a sentirse saludable. Fue entonces cuando Josh y yo empezamos a crecer espiritualmente y a tratarnos como Dios quería que lo hiciéramos. Aprendimos a vernos con humildad, a ser vulnerables el uno con el otro, a perdonar más rápido, y a amar con sacrificio y alegría. Cuando empezamos a disfrutar de Dios en realidad, empezamos a ser más felices en nuestro matrimonio. Claro que no éramos ni somos perfectos, pero gracias a las raíces más profundas que estábamos cultivando con Cristo como fundamento, nuestro matrimonio no era tan inestable como antes.

Después de crecer y madurar juntos por un tiempo, empezamos a sentir que nuestro matrimonio podía ser y hacer más. Nos dimos cuenta de que teníamos una oportunidad única para que nuestro matrimonio reflejara la relación de Cristo con su iglesia. Es más, sabíamos que teníamos la responsabilidad de representar la relación que Cristo deseaba y algún día tendrá con su iglesia. Un esposo que practica un liderazgo sacrificial y está dispuesto a morir a sí mismo representa el sacrificio de Cristo por nosotros; una esposa que sirve con humilde e inteligente sumisión ejemplifica cómo todo creyente debe seguir a Cristo.

También teníamos la capacidad de aprender y apoyarnos el uno al otro en nuestra disposición de servir a Cristo. Si Josh quería invitar a los niños de su equipo de fútbol a comer pizza casera en nuestra casa mientras conversábamos con ellos sobre el carácter de Dios o sobre la vida cristiana en la escuela, yo estaba dispuesta a apoyarlo por completo. Si quería prepararle una comida a la nueva mamá que vivía calle abajo, pero me sentía muy cansada después de cocinar, Josh me apoyaba llevando la comida.

En los primeros años de nuestro matrimonio, nos preocupaba mucho más demostrar que teníamos razón en nuestra última discusión que amar y servir a quienes nos rodeaban. Sin embargo, una vez que Cristo se convirtió en el fundamento de nuestra relación, el amor y la fidelidad en nuestro matrimonio no hicieron más que crecer. Gracias a esto, empezamos a centrarnos menos en nosotros mismos y más en el avance del reino de Dios alrededor nuestro.

Al leer los capítulos de la tercera parte, te invito a hacer dos cosas: (1) buscar oportunidades para apoyar de manera activa a tu cónyuge, y (2) considerar juntos cómo su matrimonio podría representar a Cristo ante el mundo que los rodea. Apoyar a tu cónyuge puede comenzar por estar atento a sus necesidades y emociones, e intervenir para brindarle apoyo adicional incluso antes de que lo pida, como poner gasolina al auto, darle una palabra de aliento, decirle que estás orando por él, o ella, o solo preguntarle qué puedes hacer para ayudarlo.

Además, acciones como ser lentos para la ira, rápidos para perdonar y edificar a tu cónyuge representan a Cristo tanto en tu hogar como ante el mundo. Cuando nos esforzamos por dejar de centrarnos en nosotros mismos y nos esforzamos por amar mejor a nuestros cónyuges y a quienes nos rodean, representamos de forma natural a Cristo a través de nuestro amor, pues el Espíritu Santo en nosotros es el que nos permite actuar de maneras sacrificiales. Cuando representamos a Cristo ante los demás, lo hacemos mediante el poder de Cristo y para beneficio tanto nuestro como de quienes Él ama.

CAPÍTULO 9

Echa raíces

Lilly y su esposo, Jeremy, hablaban y bromeaban mientras conducían de regreso a casa después de una semana en la playa, con el corazón rebosante de recuerdos divertidos juntos como joven familia. Mientras su hijo de dieciocho meses charlaba solo en el asiento trasero, Lilly decidió comenzar a retomar su vida normal revisando las facturas que tenían pendientes.

—¿Me das tu teléfono? —le preguntó a Jeremy, explicándole que quería acceder a su aplicación bancaria para consultar los pagos pendientes de sus tarjetas de crédito.

En lugar de pasarle el teléfono como solía hacer, Jeremy empezó a recitar de memoria cuánto debían en cada tarjeta.

—Aún me gustaría ver el saldo total del mes —le dijo, extendiendo la mano para que le diera el teléfono.

—Lilly, te acabo de decir cuál es nuestro saldo —respondió Jeremy, lo que inquietó a Lilly. *¿Por qué está tan a la defensiva?*

Molesta, al final Lilly extendió la mano y sacó el teléfono del bolsillo de su camisa. Al revisar sus cuentas, se le encogió el corazón al ver que casi todos sus ahorros habían desaparecido.

Luego también notó que una de sus tarjetas de crédito tenía varios pagos grandes que ella desconocía, como si Jeremy hubiera estado intentando recuperar el saldo anterior para que ella no se diera cuenta de los cargos adicionales.

Al instante, se aterró.

—Jeremy, ¿qué rayos es esto? ¿Dónde está el dinero que teníamos en nuestra cuenta de ahorros? ¿Y cuáles son estos pagos mensuales?

—Llevo unos cuatro meses ayudando a mi papá con los pagos de un préstamo —al final admitió.

El padre de Jeremy llevaba un par de años casi distanciado por completo de su familia, lo que aumentó el enojo y la confusión de Lilly. Sollozó. Luego gritó y dijo palabras que luego lamentó haber dicho delante de su hijo pequeño.

Lilly sabía que esto no era algo que pudieran solucionar solos con unas cuantas conversaciones, así que sacó su teléfono y le envió un mensaje de texto a Kristen, una amiga y mentora cristiana, unos quince años mayor que ella y casada con Brian, el pastor de jóvenes de su iglesia. Kristen era alguien en quien Lilly sabía que podían apoyarse y confiar. Lilly preguntó si ella y Jeremy podían ir a hablar con ellos después de llegar a casa.

El resto del viaje a casa fue largo y silencioso. Dos días después sería su tercer aniversario. En lugar de salir a cenar y al cine, Lilly y Jeremy lo pasaron en casa de Kristen. De alguna manera, Kristen ya sospechaba que los pagos de la tarjeta de crédito no eran para ayudar a pagar el préstamo del padre de Jeremy.

«¿De quién es el préstamo en realidad?», preguntó Kristen.

Jeremy dudó un momento antes de admitir la verdad. Resultó que había tomado un préstamo personal de quince mil dólares para hacer unas inversiones inmobiliarias que quería hacer. La tristeza de Lilly pronto se convirtió en enojo. Sus ahorros se habían esfumado. Tenían que pagar un préstamo mensual de casi setecientos dólares, y su sueño de comprar una casa en el próximo año, más o menos, se desvaneció.

Lilly y Jeremy se sentaron con Brian y Kristen durante horas, hablando, llorando y orando juntos. Jeremy era un creyente relativamente nuevo con padres, cuyo matrimonio difícil terminó en divorcio, también eran propensos a gastos imprudentes, comunicación inconexa y falta de sinceridad mutua. Ahora Jeremy repetía esos mismos patrones. Cuando solicitó el préstamo, se convenció de que tomaba una sabia decisión financiera para su familia a largo plazo. Sin embargo, se dio cuenta demasiado tarde que su falta de sinceridad le causó más dolor del que jamás imaginó.

Jeremy le pidió perdón a Lilly, y acordaron trabajar juntos por alcanzar metas financieras mutuas, comprometiéndose a una comunicación abierta y sincera de ahora en adelante. Jeremy incluso pidió rendir cuentas, permitiéndole a Brian que lo controlara de vez en cuando. Claro que el dolor que sentía Lilly no desapareció por arte de magia tras la disculpa de Jeremy. Lleva tiempo reconstruir la confianza. Aun así, gracias al perdón que había experimentado a través de Cristo, perdonó a su esposo, le ofreció su gracia y se comprometió a fortalecer su matrimonio.

En lugar de intentar resolver sus problemas por su cuenta, o lo que es peor, dejar que su enojo y resentimiento se acrecentaran, Lilly y Jeremy se humillaron y buscaron ayuda. Estuvieron dispuestos a aceptar la difícil tarea de admitir que necesitaban ayuda y a buscar la sabiduría de mentores de confianza que priorizaran la verdad de Dios y su matrimonio. Al hacerlo, prepararon sus corazones para no solo ser receptivos a la sabiduría de otros, sino también a la Palabra de Dios. Y fue esta receptividad, su disposición a permitir que la verdad de Dios se arraigara en lo profundo de sus corazones, lo que les permitió abordar sus propios problemas, reconciliarse y trabajar por construir un matrimonio y un futuro juntos más sólidos.

Cuatro condiciones del corazón

Jesús contó una parábola sobre cómo no solo es tener buena tierra en el corazón, la clase de tierra en la que la Palabra de Dios puede echar raíces profundas, sino también cómo es *no* tenerla. Se llama la parábola del sembrador:

> «Un sembrador salió a sembrar. Mientras iba esparciendo las semillas, una parte cayó junto al camino, llegaron los pájaros y se las comieron. Otra parte cayó en terreno pedregoso, sin mucha tierra. Esas semillas brotaron pronto porque la tierra no era profunda; pero cuando salió el sol, las plantas se marchitaron y por no tener raíz se secaron. Otra parte de las semillas cayó entre espinos que, al crecer, ahogaron las plantas. Pero las otras semillas cayeron en buen terreno, en el que se dio una cosecha que rindió hasta cien, sesenta y treinta veces más de lo que se había sembrado. El que tenga oídos, que oiga». (Mateo 13:3-9)

Una de las cosas que hace que esta parábola sea única, por no decir conveniente, es que Jesús mismo explica su significado y aplicación. Bueno, ¡eso fue fácil!

Es broma. La aplicación, en relación con el matrimonio, puede que no sea obvia, pero me estoy adelantando. Primero, veamos cómo Jesús explica la parábola del sembrador.

> «Escuchen ahora lo que significa la parábola del sembrador: Cuando alguien oye la palabra acerca del reino y no la entiende, viene el maligno y arrebata lo que se sembró en su corazón. Esta es la semilla sembrada junto al camino. El que recibió la semilla que cayó en el suelo lleno de piedras es el que oye la palabra y de inmediato la recibe con alegría. Pero como no tiene raíz, dura poco tiempo. Cuando surgen problemas o persecución a causa de la palabra, enseguida se aparta de ella. El que recibió la semilla que cayó entre espinos es el que oye la palabra, pero las preocupaciones de esta vida y el engaño de las riquezas la ahogan. Por eso, la semilla no llega a dar fruto. Pero el que recibió la semilla que cayó en buen terreno es el que oye la palabra y la entiende. Este sí produce una cosecha hasta cien, sesenta y treinta veces más». (Mateo 13:18-23)

En la época en que Jesús contó esta parábola, era costumbre que los agricultores recorrieran sus campos mientras esparcían semillas por toda la superficie, incluyendo los linderos, a fin de asegurarse de cubrir cada centímetro. Usar esa técnica significaba que las semillas caían en diferentes tipos de suelo, algunos más propicios para el crecimiento que otros. Jesús usa la metáfora del suelo para describir cuatro reacciones diferentes que las personas tienen ante el evangelio. Quiere que visualicemos nuestra propia receptividad a su Palabra y nuestra disposición a crecer y obedecer después de escucharla. Analicemos con más detalle los cuatro tipos de suelo y las condiciones del corazón que describe Jesús.

El terreno endurecido

> «Una parte cayó junto al camino, llegaron los pájaros y se las comieron». (Mateo 13:4)

Si alguna vez has caminado por un sendero de tierra transitado, sabes con qué facilidad la tierra se compacta y se endurece. Jesús compara esa tierra endurecida con un corazón endurecido contra el evangelio. Un buen ejemplo de quienes tenían corazones endurecidos en la época de Jesús eran los líderes religiosos y los maestros de la ley que se le oponían. Su condición espiritual endurecida impedía que la buena nueva del reino penetrara en sus corazones, lo que los dejaba vulnerables a Satanás.

Quienes tienen un corazón endurecido creen en su propia autosuficiencia, no entienden su profunda necesidad de un Salvador y niegan la verdad de que solo Cristo puede dar salvación. Y con esa convicción en el corazón, el diablo les arrebata la buena nueva, y los de corazón endurecido nunca experimentan la nueva vida en el reino.

El terreno superficial

> «Otra parte cayó en terreno pedregoso, sin mucha tierra. Esas semillas brotaron pronto porque la tierra no era profunda; pero cuando salió el sol, las plantas se marchitaron y por no tener raíz se secaron». (Mateo 13:5-6)

Las semillas que caen en terreno superficial parecen saludables al principio, pero pronto se marchitan, pues no pueden echar raíces. Las raíces permiten que las plántulas accedan al agua y a los nutrientes que no solo las ayudan a crecer, sino que también evitan que se marchiten bajo el sol abrasador. Jesús describió a quienes tenían un corazón superficial como personas que al principio aceptaban con entusiasmo la buena nueva, pero que se desviaban enseguida cuando vivir su fe se volvía difícil o incluso les acarreaba dificultades.

Estos oyentes creían haber experimentado el evangelio, pero nunca abrieron su corazón ni permitieron que el evangelio penetrara de veras en sus vidas, lo que los habría llevado a la obediencia y a una relación más profunda con Cristo, una que pudiera resistir tormentas y pruebas. Pueden asistir al culto los domingos, escuchar la proclamación de la Palabra de Dios e incluso tener experiencias emocionales en las que disfrutan algunos aspectos de la bondad de Dios. Sin embargo, cuando se trata de permitir que la Palabra de Dios penetre y, por lo tanto, *transforme* sus corazones, se niegan a entregarle nada a Dios. En otras palabras, las semillas de la Palabra de Dios no tienen raíz en su vida, por lo que cualquier crecimiento que experimentan es superficial. Cuando surgen las pruebas, su fe se marchita con rapidez y se alejan de Cristo para buscar un Salvador en otro lugar.

El terreno espinoso

> «Otra parte de las semillas cayó entre espinos que, al crecer, ahogaron las plantas». (Mateo 13:7)

Jesús describe a quienes tienen un corazón espinoso como personas que escuchan la Palabra de Dios, pero pierden de vista con facilidad su bondad y su reino. Permiten que «las preocupaciones de esta vida y el engaño de las riquezas [las ahoguen]. Por eso, la semilla no llega a dar fruto» (Mateo 13:22). No solo se preocupan por su sustento y su propio camino en este mundo, sino que también se enamoran y se distraen con facilidad de lo que pueden obtener a través de las riquezas. Jesús parece decir que el atractivo de la riqueza y la prosperidad las engaña, y en lugar de estar alineadas con la obra de Dios, su trabajo se centra en obtener tesoros terrenales, lo que hace que sus vidas no den frutos a los ojos de Dios.

Quienes tienen un corazón espinoso escuchan y quizá hasta crean en la Palabra. El problema es que sus corazones están divididos. Saben lo que dice la Biblia, pero no lo *aman*. En cambio, aman las cosas terrenales. Saben que deben encontrar su identidad en Cristo, pero lo que de veras les emociona en el fondo es encontrar su identidad en su estatus, sus posesiones, sus sentimientos y sus placeres.

El dilema es que se sienten culpables por esto. ¿Cómo no? Saben lo que dice la Biblia, pero el mundo los tiene atados. Lo que no comprenden es que, mientras están atados, también se aferran al mundo. Su renuencia por liberarse, por abandonar el mundo, les impide recibir de todo corazón la nueva vida a través de Jesús. Es un dilema que C. S. Lewis exploró en su novela clásica *Cartas del diablo a su sobrino*.

La novela imagina que Escrutopo, un demonio de rango superior, guía a su sobrino Orugario, un demonio de rango inferior, en el arte de tentar a los seres humanos para que se aparten de Dios. Escrutopo intenta convencer a Orugario de que no es necesario que su humano, conocido como el «Paciente», cometa grandes pecados; basta con distraerlo cada vez más, alejándolo poco a poco del «Enemigo», que es Cristo.

El paciente de Orugario conoce la Palabra de Dios, pero la idea de vivir en el mundo es mucho más atractiva. Sin embargo, también sabe que la Palabra condena al mundo, por lo que se abstiene de participar por completo en él. Ese es el dilema. Al final de su vida, el hombre reflexiona y dice: «Ahora veo que he dejado pasar la mayor parte de mi vida sin hacer *ni* lo que debía *ni* lo que me apetecía»[1].

Muchas veces nos encontramos en la misma situación. Quizá sepamos lo que dice la Palabra de Dios, pero siempre sentimos el *toquecito* del mundo que nos llama a unirnos a él. Así que nos preguntamos cuánto podemos participar para no perdernos la diversión y, al mismo tiempo, hacer todo lo posible por no violar nuestra fe. Al final, no hacemos ni lo que debemos ni lo que nos gusta, y nuestras vidas no dan fruto.

El buen terreno

> «Pero las otras semillas cayeron en buen terreno, en el que se dio una cosecha que rindió hasta cien, sesenta y treinta veces más de lo que se había sembrado. El que tenga oídos, que oiga». (Mateo 13:8-9)

Por último, Jesús describe a la persona con un buen terreno en el corazón: «La semilla que cae en buena tierra es la que oye la palabra y la entiende» (Mateo 13:23). Jesús nos pide que nos detengamos a escuchar: que escuchemos la Palabra y dejemos que penetre en nuestros corazones y mentes. Creo que este es el punto que plantea con toda la parábola: que si escuchamos la Palabra y permitimos que eche raíces en nuestro corazón, crecerá y dará fruto. Observemos que nuestra tarea no es hacer crecer la semilla, sino

---

1. C. S. Lewis, *Cartas del diablo a su sobrino*, Editorial Caribe, Miami, FL, 2006, p. 34.

solo recibirla y dejar que eche raíces. Este acto de recepción no solo requiere escuchar la Palabra de Dios, sino también comprender sus implicaciones para nuestras vidas y permitir que nos transforme.

En el Evangelio de Juan, el apóstol se refiere a Jesús como «la Palabra»: «En el principio la Palabra ya existía. La Palabra estaba con Dios, y la Palabra era Dios» (Juan 1:1, NTV). Cuando Jesús habla de «la Palabra» en la parábola, se refiere a sí mismo, la encarnación del evangelio. Jesús intenta ayudarnos a comprender que, al escuchar de veras la Palabra, lo recibimos a Él como nuestro único y verdadero Salvador. Y cuando comprendemos lo que escuchamos, aceptamos que Él es «el camino, la verdad y la vida» (Juan 14:6). Quienes escuchan de verdad la Palabra y permiten que transforme sus vidas, desarrollarán raíces espirituales profundas y duraderas, y sus vidas producirán frutos abundantes y dulces para el reino.

La parábola deja claro que Jesús se revela a todos, sin importar la condición de su corazón. Nadie queda excluido. Sin embargo, no todos escuchan y reciben la Palabra con un corazón abierto. Algunos intentan moldearla y adaptarla a lo que creen que Dios debería ser para ellos, a fin de que se adapte mejor a su estilo de vida. En cambio, quienes están abiertos de verdad a la Palabra de Dios, no buscan vivir en el reino de los cielos y en nuestro mundo caído. Anhelan la Palabra sin filtros ni distorsiones por todo lo que es, y por nada de lo que no es. Los corazones receptivos, el buen terreno, escuchan la Palabra, comprenden de veras sus beneficios y requisitos, y aceptan una vida de discipulado. No esperan que Dios les facilite la vida, ni intentan adaptar su fe a la cultura, ni priorizan sus propios deseos por encima de los de Dios.

El buen terreno solo recibe. Luego, la semilla hace todo el trabajo. La semilla germina y echa raíces profundas en la tierra, dándole una base sólida, a fin de que la plántula no se marchite por la adversidad ni la ahoguen las malas hierbas. A medida que crece y madura, produce buen fruto: la evidencia visible de su salud y vitalidad. Aun así, el buen terreno no produce la semilla, y mucho menos el fruto, por sí solo. En realidad, el terreno no hace gran cosa. Solo sigue siendo un buen terreno al estar listo para recibir la semilla. Eso es lo que Jesús nos pide en esta parábola: que estemos preparados y dispuestos a recibir su Palabra, a recibirlo a Él, y a dejar que la semilla del evangelio eche raíces en nuestra vida.

Labremos el terreno para nuestro matrimonio

Jesús usó la parábola del sembrador para ayudarnos a comprender nuestra receptividad al evangelio, pero los cuatro tipos de terrenos también ofrecen una metáfora convincente de cuán receptivos somos a la verdad de la Palabra de Dios en cada aspecto de la vida, sobre todo en el matrimonio. Cuando atravesamos una etapa difícil en nuestra relación, la condición de nuestro corazón representa un papel importante en determinar qué tan bien la superaremos.

Cuando tu cónyuge comete un error o te ofende directamente, debes tomar una decisión. ¿Prepararás tu corazón para recibir la Palabra de Dios buscando consejo de quienes tienen un enfoque centrado en el evangelio, que desean que abunden la justicia y la gracia, y que desean que tu matrimonio sea un faro que simbolice la relación de Cristo con la iglesia ante el mundo? ¿O correrás hacia quienes solo te dirán lo que quieres oír? «No puedo creer que te hiciera eso» o «Mereces a alguien mejor».

Y cuando eres tú el que inevitablemente decepciona a tu cónyuge, aún tienes que decidir con quién te rodearás. ¿Elegirás a personas que hablen la verdad con amor y reflejen el quebrantamiento de tu corazón, y serás receptivo a su consejo? ¿O elegirás a quienes justifican tus acciones o te lleven a cuestionar la Palabra de Dios y su bondad?

Así como debemos ser receptivos a la Palabra de Dios y permitirle que nos transforme para crecer en nuestra fe y relación con Cristo, debemos practicar la misma receptividad en la relación con nuestros cónyuges. A fin de fortalecer nuestro matrimonio, debemos saturar el terreno de nuestro corazón con la Palabra de Dios y rodearnos de quienes lo apoyarán y nos dirán las palabras que necesitamos escuchar para ser más semejantes a Cristo.

Esa fue la decisión que mis amigos Lilly y Jeremy tuvieron la valentía de tomar. Por fortuna, su historia es de crecimiento y sanidad, pues decidieron ser humildes, buscar la ayuda de mentores cristianos de confianza y, juntos, abrir sus corazones a la Palabra de Dios. Hoy, su matrimonio es más fuerte que nunca. Son responsables financieramente y sinceros el uno con el otro, aun cuando sea difícil. Debido a que abrieron el corazón a la Palabra de Dios, y le permitieron que echara raíces y los transformara, sus vidas serán diferentes para siempre.

En nuestra disposición de mantener el corazón abierto a la Palabra de Dios es que nos convertimos en el buen terreno, y lo seguimos siendo, de la parábola de Jesús: «El que tenga oídos, que oiga» (Mateo 13:9). Cuando abrimos nuestro corazón a la Palabra de Dios, nos convertimos en tierra fértil, lista para la siembra. La Palabra de Dios penetra en nuestro corazón, y nuestra vida se vuelve fructífera en abundancia. En el Evangelio de Juan, Jesús dijo estas palabras:

> «Yo soy la vid y ustedes son las ramas. El que permanece en mí, como yo en él, dará mucho fruto; separados de mí no pueden ustedes hacer nada. El que no permanece en mí es desechado y se seca, como las ramas que se recogen, se arrojan al fuego y se queman. Si permanecen en mí y mis palabras permanecen en ustedes, pidan lo que quieran y se les concederá. Mi Padre es glorificado cuando ustedes dan mucho fruto y muestran así que son mis discípulos». (Juan 15:5-8)

Jesús nos dice que si no mantenemos nuestros corazones abiertos a la Palabra de Dios, jamás podremos dar frutos, al menos no por nuestra cuenta. ¿Y qué es con exactitud el fruto? Solo es aumentar lo que se sembró. Cuando permitimos que la Palabra de Dios se siembre en nuestro corazón, el fruto del Espíritu Santo sobreabundará y se multiplicará en todo lo que hacemos y decimos. El apóstol Pablo escribe: «El fruto del Espíritu es amor, alegría, paz, paciencia, amabilidad, bondad, fidelidad, humildad y dominio propio. No hay ley que condene estas cosas» (Gálatas 5:22-23).

Cuando permitimos que el mundo que nos rodea moldee nuestros pensamientos y deseos, nuestros corazones se endurecerán, se volverán superficiales o se volverán espinosos, y las cosas buenas que Dios quiere multiplicar en nosotros no prosperarán. Sin embargo, cuando abrimos nuestro corazón a la Palabra de Dios y le permitimos que nos transforme por dentro y por fuera, el Espíritu Santo producirá amor, alegría, paz y mucho más en nosotros. El fruto del Espíritu crecerá y tocará todo lo que nos rodea, incluyendo nuestro matrimonio. Así es como Dios manifiesta su gloria en la tierra por medio de nosotros y como podemos glorificarlo mejor a través del matrimonio.

Reflexión

- Cuando Lilly y Jeremy atravesaron una crisis en su matrimonio, supieron que necesitaban ayuda para superarla. ¿Cómo respondieron tú y tu cónyuge cuando atravesaron dificultades o crisis en su relación? Por ejemplo: ¿Buscaron ayuda como hicieron Lilly y Jeremy? ¿Trataron de enfrentarlo solos? ¿Evitaron abordar el asunto? ¿Cuál fue el resultado?
- Cuando consideras las cuatro condiciones que Mateo 13 identifica, ¿con cuál de las cuatro te identificas mejor en el contexto de tu matrimonio? En otras palabras, ¿el terreno de tu corazón está endurecido, superficial, espinoso o bueno hacia tu cónyuge?
- ¿Qué te intriga más acerca de buscar ayuda de mentores, consejeros o amigos sabios para recibir apoyo y dirección en tu matrimonio? ¿Qué te preocupa, si acaso, al hacerlo? ¿A quién piensas que podrías recurrir para obtener apoyo y dirección?
- ¿Cómo has experimentado el fruto del Espíritu (amor, alegría, paz, paciencia, amabilidad, bondad, fidelidad, humildad y dominio propio) en tu matrimonio recientemente? ¿Cómo puedes continuar cultivando estas cualidades?

Oración

Ora por:

- la humildad para reconocer esos aspectos en tu corazón donde has sido resistente a la Palabra de Dios.
- dirección y discernimiento mientras procuras alinear tus deseos con la Palabra y la voluntad de Dios para tu vida y tu matrimonio.
- sabiduría para escoger consejeros, mentores o amigos sabios y creyentes que apoyen tu matrimonio y te digan las palabas que necesitas escuchar para ser más semejante a Cristo.
- un corazón receptivo a la Palabra de Dios.
- y para que el Espíritu Santo sobreabunde y se multiplique en las cosas que dices y haces.

CAPÍTULO 10

El significado del sufrimiento

Al colgar el teléfono, Lacey se dio cuenta de que había estado dando vueltas por la habitación durante los treinta y cinco minutos que duró la llamada. Se sentó en la silla del rincón y se secó las lágrimas que caían cada vez más rápido y abundantes. Sabía que estaba a punto de derrumbarse por completo, pero intentó controlarse, al menos durante los siguientes instantes, mientras pensaba cómo darle la noticia a su esposo, Connor.

Fue entonces cuando escuchó la puerta del garaje abrirse y cerrarse, y el tintineo de las llaves del auto en la encimera de la cocina en la planta baja. No tuvo tiempo de encontrar las palabras adecuadas. Cuando el sonido de pasos rápidos y alegres subiendo las escaleras se detuvo de repente, levantó la vista y vio a Connor de pie en la puerta, leyendo su rostro. Al instante lo supo.

La madre biológica del bebé que esperaban adoptar había decidido quedárselo. Lacey y Connor sabían que era su bebé, pero sentían como si hubieran perdido a su propio hijo. Hoy no irían al hospital como habían planeado. La cuna instalada en su habitación permanecería vacía, y las etiquetas de la tienda permanecerían en los pijamas que habían comprado. La idea de despertar a la mañana siguiente en una casa limpia y ordenada, preparar café y volver al trabajo parecía cruelmente normal después de haber anticipado que su mundo felizmente se trastocaría esa tarde.

Connor y Lacey les enviaron la noticia a sus padres por mensaje de texto. No era algo que quisieran hacer en ese momento, pero no querían que sus padres se preocuparan cuando no llegaran las esperadas fotos del bebé. Lloraron juntos y se abrazaron. Lacey sc acostó para tomar una siesta (no deseaba hacer otra cosa), y Connor se sentó afuera hasta que se puso el sol.

Esa noche, se sentaron en el sofá y se comieron un paquete de *pretzels* con mantequilla de cacahuete en lugar de cenar. No tenían mucho que decirse. Ambos se sentían emocionalmente agotados, y hablar solo les haría llorar de nuevo. Sin embargo, después de un rato, Connor tomó la mano de Lacey y solo dijo: «Oremos».

A través de las palabras de Connor y el corazón de Lacey, le dieron gracias a Dios por el bebé que nació ese día. Oraron por la mamá de su casi hijo y le pidieron a Dios que la bendijera y la apoyara en esta nueva etapa. Y oraron por sus propios corazones. Le pidieron a Dios que les ayudara a ver su situación desde su perspectiva y a alejar sus pensamientos de *¿Por qué está pasando esto?*, y *Pero si lo hicimos todo bien.*

El dolor de empezar de nuevo con otra adopción era demasiado para pensarlo. Sabían que pronto tendrían que afrontar esa decisión, pero esa noche solo decidieron permitirse llorar y entregarle su dolor a Dios.

Dos tipos de dolor y sufrimiento

En el principio de los tiempos y de la Palabra de Dios, tenemos un breve vistazo de una época en la que no existía el sufrimiento. Adán y Eva caminan con Dios en el jardín del Edén, y todo es como debe ser. Sin embargo, solo unos versículos más adelante, el pecado entra en el mundo y, en consecuencia, el dolor. Dios le dijo a Eva: «Multiplicaré tu sufrimiento en el parto y darás a luz a tus hijos con dolor» (Génesis 3:16). Y a Adán le dijo: «¡Maldito será el suelo por tu culpa! Con sufrimiento comerás de él todos los días de tu vida» (versículo 17).

El sufrimiento que Adán y Eva experimentaron después de la caída es un ejemplo de un tipo de dolor: el que resulta del pecado. Este tipo de sufrimiento tiene más sentido para nosotros, pues entendemos que nuestras acciones tienen consecuencias. Si mentimos en nuestra declaración de impuestos y luego el gobierno llama a nuestra puerta para hacernos una auditoría, entendemos que sufrimos por nuestras propias decisiones.

No obstante, hay otro tipo de dolor: el que no tiene un motivo que podemos identificar, o que siempre permanecerá desconocido para nosotros. La Biblia reconoce este dolor también. El Antiguo Testamento contiene la historia de Job, quien sufrió pérdidas devastadoras, aunque fue «íntegro e intachable que temía a Dios y vivía apartado del mal» (Job 1:1). Y en el Nuevo Testamento, el apóstol Pedro escribe: «No se sorprendan de las pruebas de fuego por las que están atravesando, como si algo extraño les sucediera» (1 Pedro 4:12, NTV). En otras palabras, el sufrimiento es real, y a veces viene, no por algo que hicimos, sino porque el mundo está quebrantado.

Lo más probable es que ya hayas experimentado ambos tipos de dolor muchas veces en tu matrimonio. Conoces el dolor de las consecuencias de tus propias acciones, así como el dolor que parece no tener motivo. Cualquiera que sea la fuente del dolor, es importante ser consciente de las formas en que el sufrimiento puede afectar de manera negativa tu matrimonio, a fin de que puedas protegerte de estas.

Cómo afecta el sufrimiento al matrimonio

Aunque hay infinidad de formas en que el sufrimiento y las dificultades pueden afectar de forma negativa al matrimonio, tres de las más comunes son la falta de comunicación, la desconexión emocional y la culpa.

La falta de comunicación

El estrés y la ansiedad dificultan comunicar lo que sentimos de veras, lo que a su vez dificulta la conexión con nuestro cónyuge para comunicarle nuestras necesidades, motivaciones y preocupaciones.

Por ejemplo, cuando te dejan cesante en el trabajo, descubres al instante cómo reaccionas al estrés de cosas como un futuro incierto y la inseguridad financiera, y tu cónyuge lo descubre junto contigo. Lo que te pasa por la mente es: *Tengo mucho miedo de no poder pagar la hipoteca el mes que viene,* pero lo que sale de la boca es: «¿En qué estabas pensando cuando compraste bolsas de basura de marca? ¿Quiénes somos, los Kardashian?». Entonces comienza la discusión. Bienvenidos a la ruptura de las comunicaciones.

La falta de comunicación en el matrimonio puede manifestarse de muchas maneras. Un síntoma común que experimentan muchas parejas es el de no escuchar de forma activa: pueden escuchar las palabras del otro, pero no buscan comprender ni empatizar con sus sentimientos. Hablar precipitadamente o sin consideración también puede agravar los conflictos y causar daño emocional. El retraimiento o la evasión, tanto emocional como física, es otro síntoma, ya que uno o ambos miembros de la pareja pueden desconectarse de las conversaciones o de la propia relación. Estas rupturas a menudo conducen a malentendidos, aumentando la tensión y la sensación de no ser escuchado o valorado, todo lo cual puede erosionar la confianza y la intimidad esenciales para un matrimonio saludable.

La desconexión emocional

¿Alguna vez te has sentido tan agotado en lo emocional que has perdido la capacidad de preocuparte? Una vez, después de pasar casi todo el día llorando, me serví un vaso de leche a la hora de cenar, solo para volcarlo de inmediato con el codo. Me quedé allí parada, mirando la leche derramada, demasiado agotada emocionalmente para hacer algo al respecto.

Las parejas también pueden llegar a ser así en el matrimonio. Las dificultades prolongadas o intensas suelen provocar agotamiento emocional, lo que puede provocar que nos desconectemos tanto de nuestras propias emociones como de las de los demás. Cuando nos sentimos siempre abrumados por las circunstancias, tendremos mucha menos energía emocional para conectar con nuestra pareja, y mucho menos para apoyarla.

Cuando el sufrimiento nos deja exhaustos en lo emocional, puede generar distanciamiento emocional entre nosotros y nuestros cónyuges. Cada persona afronta las dificultades de manera diferente, e incluso de forma distinta ante cada adversidad. Esto puede hacernos sentir perdidos, sin saber cómo ayudar o sin la energía para esforzarnos por superarla.

La culpa

Cuando sufrimos, a menudo buscamos una razón para encontrarle un sentido. Y cuando no encontramos ninguna razón o propósito válido, a veces lo afrontamos identificando a alguien a quien culpar. Si tuviéramos más dinero, más apoyo o una pareja mejor, nuestro sufrimiento no habría ocurrido o no sería tan doloroso.

Cuando los esposos se identifican el uno al otro como la causa de su dolor (ya sea que de veras sea así o que se lo imaginen), la confianza se erosiona, las heridas emocionales se agravan y el resentimiento se acumula. Todo esto envenena el matrimonio, haciendo cada vez más difícil encontrar puntos en común y trabajar juntos para superar las dificultades.

Cuando atravesamos momentos difíciles, es fácil enojarse e incluso descargar esa ira en las personas más cercanas, incluyendo a nuestra pareja. Atribuimos la razón de nuestro dolor y nuestro enojo a algo que podemos entender como una forma de afrontar y darle sentido a nuestro sufrimiento. Por ejemplo, durante una discusión podríamos decir: «Ahora mismo estoy descargando mi enojo porque estoy estresado. Estoy estresado porque no tenemos suficiente dinero para pagar las facturas, y no tenemos suficiente dinero para pagar las facturas porque no consigo las horas que necesito en el trabajo. Así que, si tuviera un trabajo mejor, todos nuestros problemas serían menores».

La verdad es que, incluso cuando tanto tú como tu cónyuge no tengan culpa, el sufrimiento seguirá colándose por las rendijas. Los empresarios más exitosos pueden perderlo todo por condiciones imprevistas del mercado. Las familias muy unidas pueden perder a seres queridos en accidentes automovilísticos. Y circunstancias imprevistas pueden poner nuestro mundo patas arriba. Cuando el sufrimiento golpea, es tentador buscar culpables, pero culpar a alguien casi siempre empeora las cosas en lugar de mejorarlas en un matrimonio.

En épocas difíciles, todos los matrimonios son vulnerables al impacto negativo de la falta de comunicación, la desconexión emocional y la culpa. Sin embargo, las Escrituras nos ofrecen una perspectiva más amplia sobre nuestro sufrimiento que no solo nos ayuda a superar estos retos, sino que también nos ayuda a ver un propósito mayor en lo que estamos atravesando.

Un propósito oculto todavía es un propósito

Cuando nos sobreviene el sufrimiento, es natural buscar la salida más rápida y eficaz. Quizá por eso a tantos cristianos les encanta esta promesa del Antiguo Testamento: «Porque yo conozco los planes que tengo para ustedes —afirma el Señor—, planes de bienestar y no de calamidad, a fin de darles un futuro y una esperanza» (Jeremías 29:11). Estas palabras nos hacen sentir que nuestro sufrimiento es temporal y que los planes de Dios para nosotros pronto nos darán una vida llena de cosas buenas.

Sin embargo, lo que muchos pasamos por alto es que Dios hizo esta promesa al *comienzo* del exilio de setenta años de Israel en Babilonia. En ese entonces, los falsos profetas le decían al pueblo de Dios: «¡No se preocupen! Dios dice que este sufrimiento no durará mucho. Babilonia caerá pronto, ¡y Dios nos traerá de vuelta a casa!». Por supuesto, estoy parafraseando.

Entonces, Dios interviene y dice (de nuevo parafraseando): «En realidad, esos profetas solo tratan de hacerles sentir mejor. Les están mintiendo. No los escuchen» (Jeremías 29:8-9). Dios también dice esto:

> «Construyan casas y habítenlas; planten huertos y coman de su fruto. Cásense y tengan hijos e hijas. También casen a sus hijos e hijas para que a su vez ellos les den nietos. Multiplíquense allá y no disminuyan. Además, busquen el bienestar de la ciudad adonde los he deportado y pidan al Señor por ella, porque el bienestar de ustedes depende del bienestar de la ciudad». (Jeremías 29:5-7)

En otras palabras: «Establécete y sigue viviendo tu vida. Vas a estar en el exilio por un tiempo».

Imagina cómo te sentirías si te llevaran contra tu voluntad a un país extranjero donde no tienes nada ni a nadie. Y en lugar de rescatarte de inmediato, Dios te dice que te establezcas y te labres una vida allí. No solo eso, sino que te dice que ores por la prosperidad de esa ciudad y que inviertas en ella. Si fuera yo, estaría intentando encontrar la primera caravana que saliera de allí. En cambio, Dios dice: «No, ponte cómodo. Vas a estar aquí por un tiempo». Y por «un tiempo» se refiere a setenta años. Dependiendo de tu edad, eso significa que tú o tus seres queridos podrían estar muertos para cuando Dios traiga a tu pueblo de vuelta a casa.

Es probable que eso no era lo que los antiguos israelitas esperaban oír en ese momento. Y no sé si la idea de que su sufrimiento tenía un propósito les habría servido de mucho consuelo, ya que el exilio en sí era una consecuencia de su idolatría y desobediencia. Sin embargo, Dios les sigue mostrando su gracia. En lugar de abandonarlos a sus propias consecuencias, Dios les dice de entrada que sí hay un propósito. «Porque yo conozco los planes que tengo para ustedes —afirma el SEÑOR—, planes de bienestar y no de calamidad, a fin de darles un futuro y una esperanza» (Jeremías 29:11). Incluso cuando el sufrimiento es consecuencia del pecado, Dios siempre tiene un plan y un propósito.

La gracia de Dios y su plan redentor para nosotros son realidades en las que siempre podemos confiar, pues tenemos esta promesa: «Sabemos que Dios dispone todas las cosas para el bien de quienes lo aman, los que han sido llamados de acuerdo con su propósito» (Romanos 8:28). Ya sea que la causa de nuestro sufrimiento sea nuestro pecado o como resultado de la corrupción del mundo, hay al menos tres maneras en que Dios usa el sufrimiento en nuestras vidas: para refinarnos, para recordarnos la inquebrantable suficiencia de Dios y para señalarnos a Cristo.

Las promesas a través del dolor

Cuando los israelitas fueron exiliados a Babilonia, su futuro parecía sombrío. Sin embargo, Dios les hizo promesas que les dieron esperanza.

En primer lugar, Dios consoló a su pueblo con la promesa de que los sacaría de su sufrimiento: «Así que no temas, Jacob, mi siervo; no te dejes abatir, Israel —dice el SEÑOR—. Pues desde tierras lejanas los traeré de regreso a casa» (Jeremías 30:10, NTV). Aunque los israelitas podían esperar vivir en el exilio en un futuro previsible, Dios les prometió que este llegaría a su fin. Sabemos que vivimos en un mundo quebrantado, pero Dios promete hacer nuevas todas las cosas. Nuestro sufrimiento es el resultado de este quebrantamiento, pero no durará para siempre.

En segundo lugar, Dios le prometió a su pueblo que escuchaba su clamor y que su trabajo en el exilio no era en vano: «"Reprime tu llanto, las lágrimas de tus ojos, pues tus obras tendrán su recompensa [...]", afirma el SEÑOR» (Jeremías 31:16). Nunca dudes de que Dios escucha tus oraciones y sabe por lo que estás pasando. Él promete estar cerca, incluso cuando lo que sufres sea consecuencia de tus propias acciones. Y promete recompensar el trabajo que haces para permanecer fiel en medio de tu sufrimiento.

En tercer lugar, Dios promete que, aunque el sufrimiento de los israelitas lo causó su pecado, Él no ha dejado, ni dejará, de amarlos: «Con amor eterno te he amado» (Jeremías 31:3). En tiempos difíciles, a veces puede ser difícil sentir la presencia amorosa de Dios, pero esta promesa nos recuerda que Él nunca nos abandona, incluso cuando nuestro sufrimiento es el resultado de nuestras propias decisiones.

Por último, en medio de su sufrimiento, Dios promete hacer un nuevo pacto con su pueblo, lo cual es una referencia a la venida del Mesías y del Espíritu Santo. Dios les dice: «Pondré mi Ley en su mente y la escribiré en su corazón» (Jeremías 31:33). Él le promete a su pueblo que un día tendrán una forma nueva y más íntima de conocerle. Y esta es una promesa para nosotros hoy.

El sufrimiento nos refina

Aunque el sufrimiento nunca formó parte del plan original de Dios para nosotros, Él lo redime al usarlo para refinarnos. Cuando sufrimos, todo nuestro ser queda al descubierto, incluyendo nuestro egoísmo, nuestra amargura, nuestros motivos ocultos, nuestra falta de sinceridad y mucho más. Nada nos obliga a enfrentarnos a nuestro verdadero ser como lo hace el sufrimiento, por eso Dios nos invita a afrontar esas partes de nosotros mismos que, de otro modo, se ignoraría. En el proceso de autoexamen y arrepentimiento, Dios refina nuestra fe y nuestro carácter.

El apóstol Pedro reconoció este aspecto redentor del sufrimiento cuando les escribió a los primeros cristianos que se esparcieron a causa de la persecución:

> Esto es para ustedes motivo de gran alegría, a pesar de que hasta ahora han tenido que sufrir diversas pruebas por un tiempo. El oro, aunque perecedero, se acrisola al fuego. Así también la fe de ustedes, que vale mucho más que el oro, al ser acrisolada por las pruebas demostrará que es digna de aprobación, gloria y honor cuando Jesucristo se revele. (1 Pedro 1:6-7)

Dios utiliza el sufrimiento para convertirnos en mejores personas, personas que sean más semejantes a Jesús, y que puedan amarlo y disfrutarlo para siempre.

El apóstol Pablo lo expresó de esta manera: «También en nuestros sufrimientos, porque sabemos que el sufrimiento produce perseverancia; la perseverancia, entereza de carácter; la entereza de carácter, esperanza» (Romanos 5:3-4). Imagínate cómo nuestro compromiso con el desarrollo de estas cualidades puede cambiar un matrimonio. La *perseverancia* podría manifestarse en un esposo o una esposa que decide acompañar a su cónyuge durante un largo período de lucha contra la ansiedad o la depresión. El *carácter* podría impulsar a un cónyuge a ser sincero y confesar sus tentaciones de ver pornografía. La *esperanza* podría ayudar a las parejas a mirar más allá de su dolor actual y anticipar un futuro nuevo y más brillante, ya sea que ese futuro llegue en esta vida o en la venidera. Nuestra esperanza se vuelve aún más real en esta vida cuando la ponemos en Jesús y le permitimos refinarnos, incluso cuando confiamos en Él con lo que aún no sabemos o no entendemos acerca de nuestro sufrimiento.

El sufrimiento nos recuerda la inquebrantable suficiencia de Dios

Quizá uno de los aspectos más difíciles del sufrimiento se presente cuando nos arrebatan algo que amamos o deseamos. Amas tu trabajo, pero lo pierdes en una ronda de despidos por recortes de gastos. Deseas tener salud, pero te encuentras luchando contra una enfermedad crónica. Deseas un matrimonio satisfactorio y feliz, pero sientes un profundo dolor cada vez que escuchas una palabra dura o no se satisfacen tus necesidades de afecto. No hay nada malo en ninguno de estos deseos, pero debemos recordar que nuestro verdadero tesoro se encuentra en Cristo y en su inquebrantable suficiencia para cubrir todas nuestras necesidades.

En el matrimonio, cuando enfrentamos momentos difíciles y nuestros deseos no se cumplen: cuando tener hijos es más difícil de lo previsto; cuando las relaciones, matrimoniales o de otro tipo, se tensan; cuando surgen una y otra vez dificultades económicas, es fácil sentirse insatisfecho y perder la alegría en nuestras relaciones. Sin embargo, Dios quiere que confiemos en las verdades de que Él es suficiente para cubrir todas nuestras necesidades y que podemos encontrar satisfacción y alegría en Él, incluso en el sufrimiento. El apóstol Pablo afirmó esta verdad cuando sufría por lo que llamaba «una espina en mi carne»: «En tres ocasiones distintas, le supliqué al Señor que me la quitara. Cada vez él me dijo: "Mi gracia es todo lo que necesitas; mi poder actúa mejor en la debilidad"» (2 Corintios 12:7, 8-9, NTV).

Confiar en la suficiencia de Dios es elegir la satisfacción, incluso cuando no tenemos lo que deseamos. Cuando confiamos en la provisión de Dios y nos centramos en su fidelidad en lugar de hacerlo en lo que no tenemos, podemos hallar gozo en el matrimonio, incluso en circunstancias difíciles. Esto nos lleva a una apreciación más profunda de nuestros cónyuges, a un mayor sentido de unidad en nuestra relación y a oportunidades para reflejar nuestra fe en Cristo ante quienes nos observan.

El sufrimiento nos lleva a Cristo

Hay pastores que predican que Cristo desea que vivamos vidas prósperas, felices y relajadas. No solo eso, sino que les dicen a sus congregaciones que Cristo será la fuente de esta prosperidad. Lo irónico es cómo parecen pasar por alto que el evangelio, en realidad, tiene sus raíces en el sufrimiento.

Jesús dejó el cielo para hacerse humano, a fin de poder identificarse con nuestro sufrimiento y comprender nuestras pruebas y tentaciones. No solo eso, sino que sufrió el dolor supremo por todos nuestros pecados acumulados. El apóstol Pedro escribe: «Porque Cristo murió por los pecados una vez por todas, el justo por los injustos, a fin de llevarlos a ustedes a Dios. Él sufrió la muerte en su cuerpo, pero el Espíritu hizo que volviera a la vida» (1 Pedro 3:18).

El sufrimiento está profundamente arraigado en la estrategia central de Dios para traer la salvación al mundo. La Biblia nos dice que tenemos un salvador que conoce nuestra debilidad y se compadece de nuestro sufrimiento (Hebreos 4:15).

Cuando dejamos que el sufrimiento nos reoriente de la autosuficiencia a la suficiencia de Dios, Él puede transformar nuestro matrimonio en algo hermoso que le refleje el amor de Cristo al resto del mundo. El matrimonio puede ser un testimonio de la esperanza y del gozo que provienen de conocer a Cristo y, al atravesar juntos el sufrimiento, podemos crecer en nuestra comprensión de lo que significa amar a nuestros cónyuges con sacrificio, tal como Cristo nos amó y entregó su vida por nosotros.

Afronten juntos el sufrimiento

Una manera en que Dios preserva nuestro gozo en Él en medio del sufrimiento es poniéndonos en comunidad con otros creyentes, una comunidad que incluye a nuestros cónyuges. Cuando compartimos las cargas, no solo nos ayudamos los unos a los otros, sino que también glorificamos a Dios. El apóstol Pablo escribió sobre esto en su segunda carta a la iglesia de Corinto:

> [Dios] nos libró y nos librará de tal peligro de muerte. En él tenemos puesta nuestra esperanza y él seguirá librándonos. Mientras tanto, ustedes nos ayudan orando por nosotros. Así muchos darán gracias a Dios por nosotros a causa del don que se nos ha concedido en respuesta a tantas oraciones. (2 Corintios 1:10-11)

Los cristianos de Corinto apoyaban a Pablo con sus oraciones, y cuando Dios seguía respondiendo a esas oraciones, muchas personas daban gracias a Dios como resultado. Pablo comprendía que compartir el sufrimiento y llevar las cargas de los demás glorifica a Dios. Es humillante dejar que los demás conozcan nuestras debilidades, pero hacerlo pone de relieve la poderosa y sustentadora gracia de Dios. Cuando dejamos que los demás vean nuestras luchas, le mostramos al mundo cómo es Dios, y no nosotros, quien nos mantiene unidos.

En esa misma carta, Pablo también destaca otro beneficio de permitir que otros participen de nuestro sufrimiento: el consuelo que recibimos de Dios y disfrutamos junto a otros:

> Bendito sea el Dios y Padre de nuestro Señor Jesucristo, Padre misericordioso y Dios de toda consolación, quien nos consuela en todas nuestras tribulaciones para que, con el mismo consuelo que de Dios hemos recibido, también nosotros podamos consolar a todos los que sufren. Pues, así como participamos abundantemente en los sufrimientos de Cristo, así también por medio de él tenemos abundante consuelo. (2 Corintios 1:3-5)

Pablo dice que Dios nos consuela en todas nuestras tribulaciones. No hay tribulación que Dios desconozca o de la que esté distante. Así que nunca estamos solos en nuestro sufrimiento, sin importar el dolor o la pérdida. Sin embargo, fíjate en el propósito detrás del consuelo de Dios. Al acudir a Dios en busca de consuelo y esperanza, Él quiere que les extendamos ese consuelo a otros que atraviesan pruebas similares.

- Dios nos consuela para que consolemos a otros.
- Dios nos muestra misericordia para que mostremos misericordia.
- Dios nunca nos deja solos cuando sufrimos para que no dejemos solos a otros cuando sufren.

Cuando sufrimos juntos, tenemos una oportunidad única para atravesar momentos difíciles con nuestro cónyuge, aprender más el uno del otro en el proceso y experimentar de manera más profunda la soberanía y la provisión de Dios. El sufrimiento ejerce una enorme presión sobre el matrimonio, pero también nos brinda la oportunidad de estrechar nuestros lazos al apoyarnos el uno al otro de una manera que no es necesaria en tiempos más fáciles.

Tras la dolorosa noticia de que su adopción había fracasado, Lacey y Conner decidieron asistir a un grupo de apoyo para el duelo en su iglesia. Mientras hablaban de su tristeza, otros creyentes se les acercaron, los consolaron y oraron por ellos. También dieron gracias a Dios porque el bebé que casi se había convertido en suyo ahora podría crecer con su madre biológica, y continuaron orando por su bienestar.

Además, Conner y Lacey decidieron ofrecerse como voluntarios en el ministerio infantil de su iglesia debido a que, fueran padres o no, les encantaba estar rodeados de niños. Poco más de un año después, Dios los bendijo con la adopción de una niña. Una vez que fue suya, sintieron como si siempre hubiera formado parte de su familia. Y una vez más, dieron gracias a Dios por proveer para su familia.

Aunque quizá nunca comprendamos del todo el propósito de Dios en nuestro sufrimiento, podemos confiar en que hay un propósito. El sufrimiento puede ser un proceso de refinamiento, utilizado por Dios para santificarnos y exaltarse a sí mismo como suficiente. Y a menudo es a través de nuestro sufrimiento que podemos guiar a otros a Cristo, mostrando que Él es digno de nuestra confianza, sabiendo que incluso cuando nuestro sufrimiento parece no tener propósito, Dios está obrando. También podemos consolarnos sabiendo que Dios escucha nuestro clamor, nos ama y nunca nos abandona. Por lo tanto, podemos aferrarnos a la esperanza, seguros de que Dios promete llevarnos a través de nuestro sufrimiento y restaurarnos.

Reflexión

- Recuerda algún momento en el que tú y tu cónyuge pasaron por una época difícil; por ejemplo, dificultades económicas, la pérdida de un sueño, una mudanza a una nueva ciudad o problemas de salud. ¿Cómo afrontaron el estrés? ¿Cómo se apoyaron, o no, el uno al otro?
- Reflexiona sobre alguna ocasión en la que sufriste por tus propios pecados o fracasos. ¿De qué manera, si es que hubo alguna, esta experiencia te condujo al arrepentimiento y al crecimiento? ¿De qué maneras, si es que hubo alguna, te sentiste tentado a culpar a tu cónyuge o a otras personas por lo sucedido? ¿Cómo afectó tu respuesta a tu matrimonio?

- El sufrimiento puede afectar negativamente un matrimonio de al menos tres maneras: falta de comunicación, desconexión emocional y culpa. ¿Con cuál de estas tres cosas suelen luchar más tú y tu cónyuge cuando atraviesan momentos difíciles? ¿Cómo ha afectado esto a su relación?

- Cuando los israelitas sufrían en el exilio en Babilonia, Dios les encomendó una tarea: seguir viviendo sus vidas y buscar «el bienestar de la ciudad» a la que los deportó (Jeremías 29:7). Imagina que las dificultades que tú y tu cónyuge están atravesando en la actualidad son su «ciudad». ¿Qué crees que significaría seguir viviendo allí y buscar «el bienestar» de ese lugar?

- En general, ¿cómo crees que tú y tu cónyuge están afrontando juntos las dificultades y el sufrimiento? ¿Hasta qué punto permiten que el uno al otro y otras personas se unan a su sufrimiento? ¿Son capaces de dar y recibir consuelo?

Oración

Pídele a Dios que:

- te ayude a apoyarte en tu cónyuge durante los momentos difíciles, y que te dé la paciencia y la comprensión para superar los desafíos juntos.
- te ayude a evitar la culpa y el resentimiento hacia tu cónyuge durante tiempos de sufrimiento, y que cultive en ti un espíritu de perdón y comprensión.
- te recuerde que debes confiar en la suficiencia de Dios para esperar su provisión.
- te dé esperanza y gozo, incluso en circunstancias difíciles, y que use tu sufrimiento para darle gloria a Él y consuelo a otros en sus luchas.

CAPÍTULO 11

El gozo que sobreabunda

Cuando recibí la noticia, los ocho íbamos apretujados como sardinas en nuestro Subaru. Mis padres nos visitaban durante dos semanas para conocer a su nueva nieta, nuestra hija Cleo. Hacía unas cuatro semanas que había dado a luz, pero de alguna manera logré ponerme unos vaqueros viejos y maquillarme para sentirme más humana en lugar de una zombi lechera privada del sueño.

Habíamos decidido pasar el día en el centro con mi hermana y su familia, que también estaban de visita, pero viajaban en su propio auto. En algún momento durante el trayecto de veinte minutos, recibí un correo electrónico en mi cuenta del trabajo. Hasta ese momento, no había estado revisando los correos electrónicos del trabajo, pues todavía estaba de baja por maternidad. Sin embargo, cuando lo vi aparecer en mi teléfono y el asunto me pareció extraño, decidí abrirlo. Mientras Josh conducía el auto, lleno de charlas y risas, leí en silencio los detalles de mi despido del trabajo, con efecto inmediato.

Durante unos cinco minutos, pensé que debía tratarse de un error. *No era posible que me despidieran a las cuatro semanas de mi baja por maternidad.* Cuando por fin acepté el hecho de que no había recibido el correo por error, pasé los siguientes minutos tratando de decidir cómo decírselo a Josh. *¿Debería decírselo en pleno centro de la ciudad, rodeados de mi familia? ¿O debería esperar a un momento más tranquilo para que pudiéramos procesar la noticia en privado?* Sin embargo, en cuanto salimos del auto y la mirada de Josh se cruzó con la mía, no hubo forma de ocultarlo.

—¿Qué sucede, Chels? —me preguntó, mirándome con fijeza.

Pensé que podría mantener la calma, pero respiraba con dificultad y sentía como si me hubiera tragado una pelota de golf. Antes de poder responder, se me llenaron los ojos de lágrimas.

—Creo que me acaban de despedir —logré decir.

—¿En serio? —me dijo, mostrando la misma incredulidad inicial que yo.

Entonces, me acercó a sí y me abrazó por largo rato.

—Oye, estaremos bien —me dijo para tranquilizarme—. Dios siempre nos ha provisto, y no tenemos motivos para creer que no lo hará ahora.

Sin querer fingir que mi familia no vería mi rostro bañado en lágrimas, los alcanzamos y les contamos la noticia. Nos abrazaron, nos animaron, oraron por nosotros y nos aseguraron que estarían ahí para apoyarnos en lo que necesitáramos.

Como sostén económico de nuestra familia, tenía muchas cosas en la mente. Lloraba por tener que empezar a buscar un nuevo empleo durante lo que se suponía que sería mi baja por maternidad. Además, ¡me encantaba mi trabajo! Sin embargo, al mismo tiempo, sentía lo que solo puedo describir como una manta de paz. Me sentía envuelta en paz y seguridad, como cuando envolvemos a Cleo para evitar que se sobresalte, como les sucede a muchos recién nacidos. Sabía que Dios es bueno y que, sin importar nuestra situación económica en un futuro cercano o lejano, Él obraría todo para bien.

La naturaleza escurridiza de la felicidad

¿Alguna vez has tenido un sueño en el que quieres correr hacia algo que está cerca, pero tus piernas no te responden? Es como si tus pies estuvieran atrapados en mantequilla de cacahuete y, por más que lo intentes, nunca logras acercarte. Así es a menudo nuestra búsqueda de la felicidad. Tenemos una visión de lo que creemos que nos hará verdaderamente felices (un sueldo más alto, un hijo, una relación más satisfactoria), pero cuanto más perseguimos la felicidad, más parece eludirnos. O *conseguimos* lo que buscábamos, solo para descubrir que no nos da la sensación de felicidad que esperábamos, como tomar un vaso de refresco en la cena, darle un sorbo y darnos cuenta de que es solo agua. Lo que pensábamos que íbamos a conseguir se convierte en decepción.

Sin embargo, la infelicidad no parece tener la misma naturaleza pasajera. Es más, puede ser bastante persistente. La infelicidad es lo que experimentamos cuando la vida no cumple con nuestras expectativas, y empezamos a dudar de que alguna vez lo hará. Podemos ser pacientes durante un tiempo mientras nos esforzamos para alcanzar nuestras metas, pero cuando empezamos a darnos cuenta de que nuestras metas están cada vez más lejos, o que solo no son tan satisfactorias como pensábamos, la infelicidad puede parecer un residente permanente en lugar de un huésped temporal. Y es entonces cuando nuestra salud emocional y nuestro bienestar pueden empezar a deteriorarse, pues la felicidad es escurridiza por naturaleza.

He vivido muchos momentos de felicidad y de infelicidad en mi vida: momentos en los que lo único que deseaba era casarme, la felicidad de unirme a la persona que amo, y luego momentos en los que estaba casada y seguía sintiéndome abrumada por la infelicidad. Momentos en los que mi sueño de un trabajo mejor pagado se hizo realidad, solo para encontrarme estresada y sin poder dormir por la noche debido a la mayor presión y las responsabilidades de un trabajo mejor pagado. Momentos en los que soñaba con una casa llena de niños, solo para encontrarme navegando por las redes sociales mientras sostenía a mi bebé y sentía envidia de las fotos de vacaciones publicadas por alguien a quien no conozco.

Sí, la felicidad es escurridiza, pero Dios nos ofrece algo mucho mejor que la felicidad: el gozo duradero que proviene de nuestra seguridad en Cristo.

El gozo de nuestra seguridad en Cristo

Una mañana, antes de que saliera el sol, estaba sentada en la capilla de mi universidad. Me debatía con la idea de saber con certeza si mi salvación estaba asegurada. Hasta entonces, mi fe se basaba en las obras: si sentía que había obedecido la Palabra de Dios lo suficiente y durante el tiempo suficiente, estaba «a bien» con Dios. En cambio, si sentía que no me había «sacrificado», o había tropezado y pecado, una nube de duda se cernía sobre mí y con ella llegaba el temor de que mi salvación nunca hubiera existido en realidad.

Sin embargo, mientras oraba y leía la Biblia en esa capilla, sentí casi como si Dios se hubiera inclinado y me hubiera susurrado al oído: «Relájate. Solo disfrútame. Si me disfrutas, todo lo demás caerá en su lugar».

Medité sobre eso un rato y me pareció muy lógico. Dios es el creador. Es verdadero, puro, hermoso, admirable y digno de alabanza. Hay mucha bondad en Él, ¿cómo es posible que no sea la fuente de gozo? Y si de veras encontraba mi gozo en Él, mi deseo de cosas menores se justificaría con naturalidad, pues serían menos deseables comparadas con la hermosa naturaleza de Dios y todo lo que tenía para ofrecerme, como la libertad, la paz, el amor y la restauración. Las cosas que perseguía para ser feliz no pueden compararse con Él.

Por supuesto, eso no significa que otras cosas no me hicieran feliz. ¡Los batidos nocturnos con amigos, mi compromiso con Josh y la adopción de nuestro primer cachorro me hicieron inmensamente feliz! Sin embargo, al compararlo con el gozo de conocer a Dios, podía verlos como lo que eran en realidad: fragmentos de felicidad. Por ejemplo, imagina poner una caja con agujeros sobre una luz muy brillante. Cada rayo de luz que atraviesa los agujeros sería solo un fragmento de la luz mayor que hay dentro, y sería tenue en comparación con esa luz. El gozo que sentimos al conocer a Dios es como esa luz tan brillante, y las cosas que nos hacen felices son como los rayos de luz más pequeños. Aunque palidecen en comparación con Dios mismo, siguen siendo buenos regalos. Y se vuelven aún más significativos cuando sabemos que estos buenos regalos provienen de la bondad misma de Dios.

La invitación de Dios a disfrutarlo, a convertirlo en mi mayor gozo, también me ayudó a comprender que si no podía ganar mi salvación (Efesios 2:8-9), tampoco podía perderla. Al final, pude descansar en la certeza de que Dios no solo era todo lo que necesitaba, sino que superaba con creces todo lo que pudiera desear. Y como no podía hacer nada para cambiar mi relación con Cristo, ¿cuánto menos podrían hacerlo mis propias dudas o circunstancias infelices? Con la seguridad de mi relación con Cristo (porque no podía hacer nada para cambiarla) y mi felicidad anclada en Él (porque irradia para siempre las características que de veras alegran mi corazón), la naturaleza escurridiza de mi felicidad comenzó a transformarse en la naturaleza resiliente del gozo.

En nuestra búsqueda de la felicidad, a menudo no nos damos cuenta del poder profundo del gozo. En la segunda carta a la iglesia en Corinto, el apóstol Pablo capta de manera elocuente la esencia del gozo cristiano, aun frente a los desafíos y el sufrimiento:

> Tenemos este tesoro en vasijas de barro para que se vea que tan sublime poder viene de Dios y no de nosotros. Nos vemos atribulados en todo, pero no abatidos; perplejos, pero no desesperados; perseguidos, pero no abandonados; derribados, pero no destruidos. Dondequiera que vamos, siempre llevamos en nuestro cuerpo la muerte de Jesús, para que también su vida se manifieste en nuestro cuerpo. (2 Corintios 4:7-10)

Las imágenes de Pablo transmiten esta naturaleza resiliente del gozo, que imagino como un chaleco salvavidas que nos mantiene a flote cuando nos vemos sacudidos por las tempestuosas aguas de la vida. Aunque el gozo no puede protegernos del sufrimiento, puede darnos el poder para superarlo, sabiendo que somos insumergibles gracias a nuestra fe inquebrantable en Dios.

La paradoja del gozo en la tristeza

Andrea entró y dejó la caja con las cosas de su abuela sobre la encimera de la cocina. Más tarde lo revisaría todo y lo guardaría. No tenía la energía emocional para volver a pensar en todo lo sucedido ese mes. Por ahora, necesitaba sentarse en el sofá y tal vez tomar un poco de helado.

De pequeña, Andrea y su abuela estaban muy unidas. Pasaba muchos fines de semana en su casa. Los domingos por la mañana, su abuela la recogía para ir a la iglesia y luego la llevaba de vuelta a su casa para pasar la tarde. Andrea conocía la casa de su abuela como la palma de su mano e incluso tenía su propia habitación allí, donde dormía cuando se quedaba unas semanas cada verano. Una vez que Andrea creció y se mudó más lejos, se propuso llamar a su abuela todas las semanas para ponerse al día. Le encantaba escuchar las historias de su abuela sobre los vecinos a los que visitaba o el mal comportamiento de su gato. Hablar con su abuela le recordaba a Andrea tiempos más sencillos y la ayudaba a relajarse después de una semana larga y estresante en el trabajo.

El esposo de Andrea, Rob, entró en la habitación unos minutos más tarde.

—¿Quieres que te ayude a guardar las cosas de la abuela? —le preguntó.

—Supongo que no debería posponer lo inevitable —suspiró Andrea mientras se levantaba del sofá.

Agarró la caja, la llevó a su habitación, y esparció la ecléctica colección de joyas, fotografías y baratijas sobre la cama. Tomó una foto de ella y su abuela y le dio la vuelta. «Andrea, 6 años», estaba garabateado en la parte posterior con la letra de su abuela. Las lágrimas volvieron a brotar de sus ojos justo cuando Rob entró en la habitación.

—Bueno, no ha tardado mucho —le dijo a Rob sonriendo entre lágrimas. Él le devolvió la sonrisa con comprensión.

—No puedo creer que ya no esté aquí —dijo Andrea—. Debería haber ido a verla más a menudo.

—Ella sabía cuánto la amabas —le respondió Rob—. Sabía que la habrías visitado más a menudo si no hubiera sido por la distancia, ¡Y le *encantaban* tus llamadas! Sé que significaban mucho para ella. Te *aseguro* que sabía cuánto la amabas.

Entonces, hizo una pausa y se tomó un momento para añadir lo que sabía que Andrea necesitaba escuchar:

—Y ella también te amaba. Ahora está con Jesús y nunca ha sido más feliz.

Andrea se recompuso y respiró hondo.

—Tienes razón. Me gusta imaginármela feliz y sana en el cielo. Siempre habló de cómo sería encontrarse con Jesús un día. Me alegra que ya no tenga que esperar. Y sé que algún día la volveremos a ver.

Entre la tristeza y el dolor de Andrea se mezclaba un hilo de gozo. Por mucho que quisiera y extrañara a su abuela, sabía que estaba en casa con Cristo y que algún día se reencontrarían. Su experiencia demuestra que la tristeza y el gozo no se excluyen entre sí. Podemos elegir aferrarnos al gozo incluso cuando lloramos pérdidas dolorosas y atravesamos momentos difíciles.

Sin embargo, algunos de nosotros tendemos a sentirnos culpables cuando estamos pasando por dificultades, como si tuviéramos que «poner buena cara» en los momentos de tristeza para demostrar que confiamos en la soberanía de Dios. La Biblia, en cambio, deja claro que es posible experimentar el gozo en medio del dolor.

Quizá los mejores ejemplos de esto se encuentren en los salmos. La oración de David pidiendo liberación en el Salmo 57 expresa una mezcla de miedo, dolor y tristeza. Aun así, David también entrelaza de manera hermosa las alabanzas a Dios con su dolor:

> Me encuentro en medio de leones,
> rodeado de gente rapaz.
> Sus dientes son lanzas y flechas;
> su lengua, una espada afilada.
>
> ¡Sé exaltado, oh Dios, sobre los cielos!
> ¡Alza tu gloria sobre toda la tierra!
> (Salmo 57:4-5)

Es casi como si David le dijera a Dios: «Siento que mi vida no podría ir peor, pero eso no cambia el hecho de que eres bueno. Aunque no sé por qué me está pasando esto, encontraré descanso en ti, pues sé que tienes todas las respuestas».

No es aparentar valentía cuando pasamos por dificultades lo que demuestra nuestra fe en la soberanía de Dios; es elegir permitir que coexistan tanto nuestras penas como la bondad de Dios. Esa es la naturaleza paradójica del gozo: podemos experimentarlo aun en medio de la tristeza y las dificultades. Y esta fe es lo que nos diferencia de quienes no siguen a Cristo: podemos acceder a los abundantes recursos que tenemos a nuestra disposición por medio de Jesús. Cada experiencia de sufrimiento es también una invitación a profundizar en las riquezas del gozo que nos aguardan. Incluso cuando experimentamos tristeza, podemos buscar consuelo en nuestro Creador y descansar en la esperanza de que Él puede y hará nuevas todas las cosas.

Anclados a un futuro inquebrantable

Como cristianos, tenemos la oportunidad de ser especialistas en el gozo, pues tenemos acceso a nuestro Creador, quien es la fuente de todo gozo. Podemos saborear una deliciosa comida, apreciar las comodidades físicas y contemplar la belleza del mundo, todo ello mientras reconocemos que son simples destellos del gozo que vendrá cuando nos reunamos con Cristo. Podemos elegir el gozo incluso en circunstancias difíciles, pues sabemos que el gozo no se limita a momentos fugaces de felicidad, sino que está arraigado en la esperanza segura de nuestro futuro. Esta anticipación de nuestro futuro inquebrantable alimenta nuestro gozo y nos distingue como portadores de la luz y del amor de Dios en un mundo que anhela un gozo duradero.

Cuando perdí mi trabajo, créeme que podría haber entrado con facilidad en pánico, tratando desesperadamente de reconstruir nuestros ingresos, el funcionamiento de nuestras vidas e incluso mi identidad como sostén de la familia. En esos momentos, no solo perdía mi trabajo; corría el riesgo de perder mi sentido de seguridad e identidad. Sin embargo, por la gracia de Dios, recordé con dulzura que es Él, y no un empleador, quien mantiene unido mi mundo. El apóstol Pablo escribe: [Dios] ya existía antes de todas las cosas y mantiene unida toda la creación» (Colosenses 1:17, NTV). Como mi seguridad está anclada en Cristo y nunca corro el peligro de perderlo, mi corazón no se hundió en una desesperación permanente ante la pérdida inesperada. Sí, me permití llorar la pérdida, pero también elegí el gozo al centrarme en mi esperanza en un futuro inquebrantable con Cristo.

El gozo en acción

Cuando la alarma de Katie sonó a las 5:30 a. m., la apagó enseguida antes de que despertara a su esposo, que dormía a su izquierda, y al bebé, que dormía en la cuna, a su derecha. Salió de puntillas de la habitación, cerró poco a poco la puerta y tomó su esterilla de yoga. Veinte minutos después, enrolló la esterilla y se dio una ducha rápida. Para entonces, Dan ya se había levantado y estaba preparando huevos revueltos y café. Katie tomó una taza y se sentó a leer la Biblia unos minutos antes de que el bebé se despertara. En la hora siguiente, terminó su devocional matutino, cambió y alimentó al bebé, ayudó a preparar a sus otros dos hijos para la escuela, preparó el almuerzo de Dan y se despidió de todos con un beso, menos del bebé, mientras Dan se iba a dejar a los dos mayores en la escuela antes de irse a trabajar.

Después de despedirse con la mano, Katie se dio la vuelta y vio los restos que había dejado su ajetreada rutina matutina. Suspiró y se puso a recoger pijamas, meter los platos del desayuno en el lavavajillas y pegar los dibujos arrugados de las mochilas de los niños en el refrigerador. Puso la lavadora y, cuando la casa volvió a tener un aspecto razonable, decidió llevar al bebé a dar un paseo corto para que tomara un poco el aire.

Cuando regresaron, Katie acostó al bebé inquieto para que durmiera la siesta y luego se sentó en el sofá un momento para recuperar el aliento. Justo entonces, su teléfono vibró. Era un mensaje de texto de Dan: «Gracias por todo lo que haces por nosotros, Katie. Eres de veras la esposa y la madre más increíble. Sé que cambiar pañales y preparar almuerzos puede que no siempre te parezca el trabajo más gratificante, pero nos haces sentir a todos muy queridos y cuidados. Y, de alguna manera, te las arreglas para hacerlo todo con alegría. Llamé a una niñera de camino al trabajo para que podamos salir a cenar y tener una cita esta noche. ¡Estoy deseándolo! Te amo».

Katie se quedó un rato pensando en el mensaje, agradecida por las amables palabras de su esposo y preguntándose dónde deberían ir a cenar esa noche. Dan tenía razón: la mayoría de sus días eran agotadores, y nadie premia al mejor cambio de pañal ni al almuerzo escolar más nutritivo. Sin embargo, sabía que servir a su familia con gracia en esta etapa de la vida era donde la necesitaban y encontraba gozo en la idea de amarlos bien. No siempre se daba cuenta, pero su familia percibía su gozo profundo, y esto marcaba el tono de muchas de las interacciones en su familia. Su gozo, arraigado en Cristo, brillaba más allá de sí misma y tocaba a todos los que la rodeaban.

Nuestro acceso al gozo ilimitado de Dios también es acceso a la fortaleza ilimitada de Dios. El profeta Nehemías lo reconoció al escribir: «El gozo del Señor es su fortaleza» (Nehemías 8:10). Elegir el gozo nos da la fuerza necesaria para afrontar los desafíos de la vida, tanto grandes como pequeños. Podemos servir a nuestra familia con abnegación, aun cuando los momentos de reconocimiento sean escasos. Podemos afrontar un futuro incierto, sabiendo que Dios es bueno y que nuestro futuro con Él está asegurado. Y podemos aferrarnos al gozo en la pérdida y la tristeza, sabiendo que, si bien las cosas de este mundo son temporales y fugaces, nuestra relación con Cristo es eterna.

Cada día, podemos tomar la decisión de llevar este gozo a nuestros matrimonios y permitir que moldee la forma en que compartimos nuestras cargas, interactuamos entre nosotros y nos servimos de manera sacrificial los unos a los otros. Y el propósito de este gozo que sobreabunda no termina con el matrimonio. Está destinado para ofrecerlo y multiplicarlo, a fin de que se convierta en faro de esperanza para quienes nos rodean y en un testimonio del poder transformador del amor de Cristo. Cuando nuestro gozo se vuelve contagioso, atraeremos a otros más cerca de la fuente de nuestro verdadero y duradero gozo.

Mediante nuestros actos de servicio y nuestra disposición a testificar del evangelio, las parejas cristianas se convierten en testimonios vivos de la fidelidad y de la provisión de Dios. Podemos brillar como luz en un mundo que se siente abrumado por las tinieblas y la desesperación. Nuestro gozo inquebrantable es lo que nos distingue, atrayendo a otros a la esperanza que solo se puede encontrar en Cristo. Nuestro gozo es un regalo para ofrecer, un torrente impetuoso que nutre y eleva a todos los que toca.

Dios nunca quiso que huyéramos del mundo y sus problemas después de experimentar la salvación en Cristo. La promesa de las Escrituras es que Dios amó tanto al mundo que dio a su único Hijo para salvarlo (Juan 3:16). Por eso seguimos aquí: para ser embajadores de la redención, la reconciliación y el gozo de Dios para el mundo.

Reflexión

- ¿Cuáles son algunas de las cosas que persigues para encontrar la felicidad? ¿Qué te viene a la mente cuando piensas en cambiar tu enfoque de la búsqueda de la felicidad a cultivar el gozo a través de tu relación con Dios? ¿Qué te exigiría ese cambio de enfoque?
- Piensa en una ocasión en la que experimentaste gozo en una situación difícil. ¿Cuáles fueron algunos de los factores que contribuyeron a tu capacidad para encontrar gozo en esa situación?
- ¿Cómo podría influir en tu forma de afrontar los retos y las incertidumbres el hecho de aceptar el concepto del gozo como una fuerza resiliente e inquebrantable?
- ¿Quién te viene a la mente cuando piensas en el gozo como fuente de fortaleza? ¿Cómo lo personifica esa persona? ¿Lo usa para servir a los demás? ¿Lo usa para perseverar en las dificultades?
- ¿De qué maneras disfrutarías poniendo el gozo en acción, personificando el amor de Cristo al servir a tu familia o extendiendo una mano amiga a alguien que lo necesita?

Oración

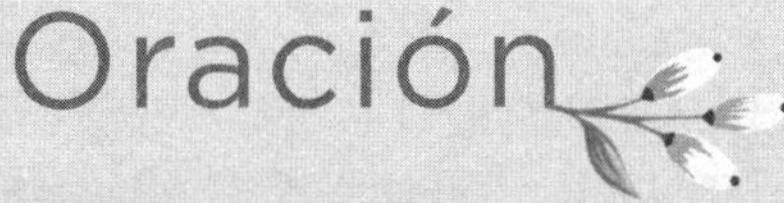

Pídele a Dios que:

- te ayude a encontrar gozo en Él, aun cuando las circunstancias de tu matrimonio o la vida diaria sean difíciles.
- te guíe en la búsqueda del gozo verdadero y duradero, en vez de la felicidad fugaz.
- te dé el poder para anclar tu seguridad en Él, sabiendo que es el único que lo mantiene todo unido.

CAPÍTULO 12

Vive con las manos abiertas

Era una cálida tarde de finales de mayo, y Josh y yo acabábamos de despedirnos de nuestros últimos amigos, que se marchaban a casa después de un pequeño grupo de estudio bíblico en nuestra casa. Estábamos preparando a David y Evy para irse a la cama, enseñándoles a cepillarse los dientes más tiempo, a ponerse el pijama y diciéndoles: «Bien, es hora de comenzar a tranquilizarse», una vez que por fin subieron a sus habitaciones. Mientras les daba un beso de buenas noches a los niños, mi teléfono vibró con un mensaje de texto de nuestra trabajadora social, Jennifer.

Me describió a dos niños pequeños que estaban en el hospital y necesitaban un hogar de acogida, por tiempo indefinido, a partir de esa noche. Mi corazón se aceleró, pero intenté parecer tranquila y serena por teléfono. Le pedí la información adicional que pudiera darme, como sus edades, por qué iban a un hogar de acogida, si tenían alguna discapacidad o problema de salud, etc. Aunque no pudo darme mucha información, Josh y yo tuvimos que tomar una decisión rápida: ¿Rechazábamos esta acogida, veíamos Netflix y dormíamos bien, tal y como habíamos planeado pasar el resto de la noche? ¿O aceptábamos, sabiendo muy poco sobre los niños que necesitaban un hogar de forma indefinida?

Le dije a Jennifer que Josh y yo hablaríamos, y que le enviaría nuestra respuesta por mensaje de texto en unos minutos. Hablamos y oramos, y luego dijimos que sí, aunque esperaba que Jennifer ya hubiera encontrado otra familia dispuesta en los pocos minutos que nos llevó discutirlo, como había ocurrido muchas otras veces. Sin embargo, ese no fue el caso esta noche. Jennifer me respondió por mensaje de texto unos minutos más tarde para decirme que los niños estarían en nuestra casa a medianoche.

Un poco sorprendidos, Josh y yo nos miramos boquiabiertos, con los ojos muy abiertos, como si dijeran: *¡Vaya! ¡Esto está pasando de verdad!*

Después que los chicos llegaran y los acostáramos, no pude evitar llorar. Me sentí abrumada por pensamientos sobre lo aterrador que debía de ser esto para ellos, preguntándome si habíamos cometido un error y cómo serían nuestras vidas en los próximos días.

No voy a mentir, los siguientes meses no fueron fáciles. De la noche a la mañana, duplicamos el número de niños que cuidábamos, lo que habría sido un reto incluso en las mejores circunstancias. Aunque habíamos completado muchas horas de formación para obtener la licencia de padres de acogida, ahora estábamos aprendiendo en tiempo real lo que significaba de veras criar a niños que habían sufrido traumas. Poco después de su llegada, nos informaron de que a uno de los niños le diagnosticaron con anterioridad un trastorno negativista desafiante (TND) y autismo. En ese momento, la noticia nos supuso un alivio, ya que un diagnóstico formal significaba que podíamos obtener ayuda específica de inmediato.

Todos los días, Josh y yo nos despertábamos y dábamos el 110 % hasta que las cuatro cabecitas tocaban la almohada cada noche. Por muy exigente que fuera ese momento, Josh y yo sabíamos que estábamos con exactitud donde debíamos estar. Sabíamos que toda la energía que gastábamos era por obediencia, y eso en sí mismo era reconfortante.

Al final, los chicos solo estuvieron con nosotros desde finales de mayo hasta agosto, pero nos sentimos increíblemente bendecidos de tenerlos en nuestras vidas durante esos pocos meses. Nuestro grupo pequeño y nuestra iglesia nos apoyaron y nos amaron durante la transición, por lo que estamos muy agradecidos. Además, nuestros hijos biológicos, David y Evelyn, experimentaron un nivel de necesidad nuevo por completo que de otro modo nunca habrían experimentado, en especial a tan temprana edad. Aunque vivieron muchos momentos que no les resultaron fáciles, todos tuvimos una gran oportunidad de practicar la generosidad obediente como familia y abrir nuestro hogar con fe, mientras amábamos a los chicos durante un momento extremadamente difícil en sus vidas.

Llamados a la generosidad

Cuando era niña y asistía a la iglesia, pensaba que la generosidad era algo que solo podían practicar las personas ricas, pues tenían mucho dinero sobrante para dar. Y como nunca me imaginé siendo rica, consideraba que la generosidad era un maravilloso principio cristiano que era sobre todo para otros más afortunados con sus finanzas. En cambio, podía practicar virtudes cristianas como la misericordia o la exhortación. Aun así, mi idea preconcebida de la generosidad cambió de manera radical cuando leí pasajes de la Biblia como este del apóstol Pablo:

> Recuerden esto: El que siembra escasamente, escasamente cosechará, y el que siembra en abundancia, en abundancia cosechará. *Cada uno* debe dar según lo que haya decidido en su corazón, no de mala gana ni por obligación, porque Dios ama al que da con alegría. (2 Corintios 9:6-7, énfasis añadido)

Cuando leí «cada uno», me resultó difícil ignorar el hecho de que Pablo se dirigía a todos nosotros, incluyéndome a mí, sin excepciones. Y, sin embargo, también era un poco confuso. Si Dios sabe que algunas personas tienen mucha más riqueza o posesiones que otras, ¿por qué tenemos el llamado a ser generosos? No solo eso, sino que si Dios tiene el control del mundo y puede bendecir a quien quiera, ¿por qué se nos sigue pidiendo que seamos generosos y compartamos nuestros recursos con los demás?

Lo que aprendí al final es que Dios nos llama a ser generosos porque Él mismo es generoso, y utiliza nuestra generosidad para enseñarnos, transformarnos y hacer avanzar su reino en la tierra. En concreto, la generosidad reconoce que todo lo que tenemos le pertenece a Dios; la generosidad es un recurso para alcanzar a otros; y la generosidad es la adoración en acción.

La generosidad reconoce que todo lo que tenemos le pertenece a Dios

La generosidad solo puede suceder cuando nos damos cuenta de que tenemos algo que dar. Y tenemos algo que dar porque Dios es la fuente de todo lo que tenemos. El rey David reconoció esta verdad cuando escribió: «Del Señor es la tierra y todo cuanto hay en ella, el mundo y cuantos lo habitan» (Salmo 24:1). Incluso si trabajamos duro para ganar un sueldo, la capacidad de trabajar en sí misma es una bendición de Dios. Como creyentes, Dios nos llama a ser generosos, pues todo lo que tenemos viene de Él y le pertenece. Nuestro papel solo es el de ser buenos administradores de los recursos con los que nos ha bendecido.

No importa lo mucho o lo poco que tengamos, podemos ser generosos al buscar siempre maneras de bendecir a otros con nuestros recursos. Esta es una de las maneras en que actuamos según nuestra fe. Como dijera Santiago: «Hermanos míos, ¿de qué le sirve a uno alegar que tiene fe si no tiene obras?» (Santiago 2:14). La generosidad puede ser cualquier cosa, desde compartir una comida, cuidar gratis a los hijos de una madre o padre soltero, llevar a alguien en auto o pagar la factura médica de alguien. Compartir lo que tenemos con los demás es reconocer que todo lo que tenemos es, sin duda, un regalo de Dios.

La generosidad es un recurso para alcanzar a otros con el evangelio

Dios usa a su iglesia para satisfacer las necesidades de los demás. Cuando somos generosos, completamos nuestra fe al vivirla de manera concreta. Confiamos en que nuestras necesidades serán satisfechas y, por lo tanto, tenemos capacidad más que suficiente para satisfacer las necesidades de otros. Al ser generosos, decimos: «Dios, confío en que proveerás para mí, y por eso quiero ser generoso con los recursos que me has dado. Úsame para darte gloria».

Cuando vivimos nuestra fe a través de la generosidad, también desarrollamos la disciplina de recibir nuestras bendiciones con la mano abierta. Esto no solo se trata de una acción puntual, sino también de una actitud del corazón: una disposición inmediata a dar. Así es como permitimos que Cristo use nuestra generosidad para una transformación sobrenatural en la vida de los demás, incluso cuando sentimos que no tenemos mucho que dar. Todo lo que se nos pide es ser obedientes y tener fe en que Dios hará el resto. Si Él puede darnos la vida eterna, de seguro que puede multiplicar lo poco en mucho. Uno de los ejemplos más poderosos de esto lo vemos cuando Jesús y los discípulos estaban rodeados por miles de personas hambrientas y un niño pequeño le ofreció a Jesús su almuerzo:

> Otro de sus discípulos, Andrés, que era hermano de Simón Pedro, le dijo:
>
> —Aquí hay un muchacho que tiene cinco panes de cebada y dos pescados, pero ¿qué es esto para tanta gente?
>
> —Hagan que se sienten todos —ordenó Jesús.
>
> En ese lugar había mucha hierba, así que se sentaron. Los varones adultos eran como cinco mil. Jesús tomó entonces los panes, dio gracias y distribuyó a los que estaban sentados todo lo que quisieron. Lo mismo hizo con los pescados.
>
> Una vez que quedaron satisfechos, dijo a sus discípulos:
>
> —Recojan los pedazos que sobraron, para que no se desperdicie nada.
>
> Así que recogieron los pedazos que habían sobrado de los cinco panes de cebada y llenaron doce canastas. (Juan 6:8-13)

Nunca pienses que lo que tienes para ofrecer es demasiado poco. Cuando das a quienes lo necesitan, Dios puede usar lo que das para cambiar el rumbo de sus vidas. Tu generosidad puede ser una fuente de esperanza y aliento para quienes tienen dificultades, y puede ayudar a crear un futuro mejor, no solo para quienes das, sino también para tu comunidad e incluso para el mundo.

Jesús es el ejemplo supremo de generosidad. Dio su vida por nosotros y nos llama a seguir su ejemplo, entregando de nosotros mismos y de nuestros recursos a los demás. Cuando somos generosos, encarnamos el amor y la compasión de Cristo y transmitimos su mensaje de gracia abundante con el mundo.

La generosidad es adoración en acción

Lo que hacemos con nuestras finanzas dice mucho sobre lo que nos importa y quién nos importa, y también sobre lo que creemos acerca de Dios. Cuando retenemos nuestras finanzas, nuestro tiempo y nuestros recursos con mano dura, en esencia decimos: «No tengo lo suficiente para mantener mi propia vida y no tengo fe en que Dios proveerá para mí, por lo que no puedo compartir lo que tengo». Sin embargo, cuando elegimos dar con generosidad, decimos: «Dios, no estoy seguro de dónde vendrá más de lo que necesito, pero conozco tu carácter. Tú eres bueno, omnisciente y amoroso. Confío en que cuidarás de mí cuando entregue esto». Eso es adoración en acción. Es predicar con el ejemplo y demostrar que creemos que Dios es quien dice ser: el que es digno de nuestra confianza, capaz de proveernos y sostenernos, y que tiene planes para nosotros mucho mejores que los nuestros.

La generosidad también tiene un profundo significado para las parejas casadas, ya que es una forma única de adoración que podemos practicar juntos. Cuando aceptamos la generosidad como parte integral de nuestra relación, no solo fortalece nuestro vínculo, sino que también profundiza nuestra fe. Mediante actos conjuntos de generosidad, emprendemos un camino que compartimos, a fin de alcanzar una meta común y fomentar un sentido de unidad en el matrimonio. Es más, practicar la generosidad nos ofrece innumerables oportunidades para nutrir nuestra confianza en la provisión de Dios y confiar en su dirección mientras nos sometemos a Cristo al dar.

Las parejas pueden ser más generosas juntas

Para que un matrimonio prospere, tanto el esposo como la esposa deben comprometerse con actos de amor sacrificial, buscando de manera constante servirse el uno al otro. La generosidad en el matrimonio también requiere ser generoso con el perdón, extender gracia y ofrecer segundas oportunidades. Requiere elegir ver lo mejor en nuestra pareja, incluso en sus momentos de imperfección. Implica fomentar un ambiente de apoyo mutuo en el que ambos puedan expresar con libertad sus necesidades, sueños y miedos sin temor al juicio ni al rechazo. Cuando practicamos la generosidad de estas maneras, crecemos en madurez espiritual y encarnamos más plenamente la relación de Cristo con la iglesia.

A medida que maduramos en nuestras relaciones mutuas y con Cristo, también se nos confía la responsabilidad de representar a Cristo ante el mundo, derramando nuestro amor inmenso a los demás. Así es como el amor y la gracia que experimentamos en el matrimonio se convierten en canales a través de los cuales Dios derrama su amor a quienes nos rodean. Nuestro compromiso de servir y cuidar a los demás se convierte en parte integral de nuestro ministerio como esposos y esposas cristianos. Entendemos que nuestro propósito va más allá de nuestra felicidad personal y abarca la misión de compartir el amor de Cristo a través de nuestras interacciones con los demás.

Desafío de generosidad

El objetivo de este ejercicio es ayudarte a fortalecer tu compromiso con la generosidad y fomentar un sentido de propósito común al identificar una manera de dar y servir juntos.

1. **Identifiquen un enfoque de generosidad.** Elijan un campo en el que les gustaría ser más generosos como pareja. Por ejemplo, esto podría implicar apoyar económicamente a una organización benéfica local o nacional, hacer voluntariado en su iglesia o ayudar a una persona o familia necesitada con asistencia económica u otro tipo de apoyo. Dado que esto es un desafío, lo que elijan debe requerirles que salgan de su zona de comodidad, prueben algo nuevo o hagan más de lo que hicieron hasta ahora.
2. **Establezcan un plazo.** Determinen el plazo para su reto de generosidad. Puede ser una semana, un mes o cualquier duración que les convenga.
3. **Creen un plan de donaciones.** Hablen sobre cómo les gustaría donar o servir en el campo de enfoque que eligieron. Consideren si donarán dinero, tiempo, habilidades o recursos, o una combinación de acciones. Desarrollen un plan que detalle sus objetivos y los pasos específicos necesarios para alcanzarlos.
4. **Ejecuten el plan juntos.** Lleven a cabo su plan de generosidad en equipo. Dediquen el tiempo, el esfuerzo y los recursos necesarios para completar el desafío.

5. **Reflexionen y conversen.** Después de llevar a cabo su plan, siéntense juntos para reflexionar sobre sus experiencias. Conversen sobre cómo el acto de dar y servir impactó su matrimonio, su fe y su sentido de propósito como pareja cristiana.
   - ¿Cómo se sintieron al dar y servir juntos como pareja en este desafío?
   - ¿De qué manera, si es que hubo alguna, el desafío fortaleció su sentido de unidad y propósito?
   - ¿Cuáles fueron los momentos o experiencias más significativos durante el desafío de generosidad?
   - ¿Cómo se reflejó su fe en sus acciones durante el desafío?
   - ¿Cómo les gustaría incorporar actos continuos de generosidad y servicio en su matrimonio y en su vida diaria?
   - ¿Qué otras esferas o causas les gustaría explorar en futuros desafíos de generosidad?
6. **Oren juntos.** Ofrezcan una oración de gratitud por la oportunidad de dar y servir, y pídanle a Dios que los guíe, a fin de seguir encarnando la generosidad fiel en sus vidas.

Reflexión

- Reflexiona sobre alguna ocasión en la que recibiste la generosidad de otra persona. ¿Qué hizo por ti y cómo te impactó a corto y largo plazo?

- ¿De qué manera estás practicando actualmente la generosidad en tu vida personal y en tu matrimonio? ¿Cómo ha utilizado Dios tu generosidad para enseñarte, transformarte o hacer avanzar su reino en la tierra?

- ¿Qué miedos o ansiedades, si los hay, tienes sobre ser más generoso con tus recursos?

- Es fácil imaginar cómo seríamos más generosos si tuviéramos mucho dinero o ganáramos la lotería, pero Dios nos pide que seamos generosos con lo poco que tenemos en lugar de con lo mucho que no tenemos. ¿Cuáles son algunas de esas «pequeñas cosas» que tienes? ¿Cómo podrían tú y tu cónyuge ser más intencionales en compartir con otros esas cosas, sean cuales sean?

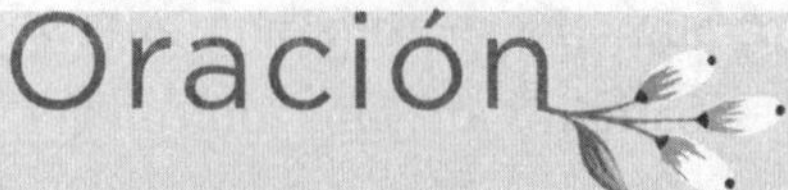

Oración

Pídele a Dios que:

- te abra los ojos a las maneras en que puedes ser más generoso, ya sea en tu matrimonio, tu iglesia o tu comunidad.
- te capacite para representar a Cristo en el mundo compartiendo lo que tienes con quienes te rodean.
- te muestre cómo pueden servir y cuidar a los demás y hacer de la generosidad una parte integral de su ministerio como pareja cristiana.

PROFUNDICEMOS

Cultiva raíces profundas y ramas anchas

Crecer en madurez espiritual es un gran paso. Significa deshacerse por fin de muchos de los viejos hábitos que solían agobiarte, como tener que decir la última palabra en las discusiones o buscar siempre la aprobación de los demás. Como una maravillosa bendición indirecta, profundizar en nuestra relación con Cristo nos permite dejar atrás muchas de nuestras ideas preconcebidas y expectativas sobre lo que esperábamos que nuestros cónyuges fueran para nosotros y, a cambio, comenzáramos a verlos a través de los ojos de Dios. Sí, necesitan perdón y siempre tienen margen para crecer en lo que se refiere a aprender a ser más como Cristo, pero cuando los vemos como alguien que ha sido redimido por la misma persona que también nos concedió el perdón y una forma de conocer a Dios en lo personal, nuestra perspectiva comienza a cambiar de veras.

Una vez que empezamos a buscar a Cristo con más diligencia como nuestra fuente de gozo, empezamos a soltar el control que antes ejercíamos sobre nuestros cónyuges, o a cualquier otra cosa que tuviéramos en mente, cuando esperábamos con desesperación que fueran la fuente suprema de nuestra seguridad y felicidad.

Cuando esa mentalidad comienza a cambiar, podemos empezar a disfrutar de nuestros cónyuges de la manera en que Dios quiso que lo hiciéramos: como un regalo que refleja su amor por nosotros. Ese es el tipo de amor que llena nuestras almas y puede ser satisfactorio en profundidad. Es seguro, firme e inquebrantable. Y es en este amor que podemos sentirnos lo suficientemente seguros y arraigados como para comenzar a echar ramas de fe.

Ejercicio del diario: Cultiva el amor en acción

Dedica un tiempo para reflexionar sobre lo que hace tu cónyuge, a fin de que te sientas arraigado, seguro y apoyado en tu relación. Utiliza las siguientes sugerencias:

- Me siento *arraigado* en nuestra relación cuando...
- Me siento *seguro* en nuestra relación cuando...
- Me siento *apoyado* en nuestra relación cuando...

Por ejemplo:

- *Me siento arraigada en nuestra relación cuando mi esposo y yo nos sentimos como un equipo, pues podemos apoyarnos el uno al otro cuando atravesamos momentos difíciles.*
- *Me siento seguro en nuestra relación cuando le digo a mi esposa que cometí un error y ella no reacciona con enojo, sino que me perdona y trabaja conmigo para solucionarlo.*

- *Me siento apoyada en nuestra relación cuando mi esposo me dice que está agradecido por mí y me pregunta cómo puede ayudarme.*

Sabiendo que tú y tu cónyuge están profundizando sus raíces en su relación mutua y con Cristo, consideren cómo podrían comenzar a expandirse, utilizando su matrimonio como una extensión de su fe. Utiliza las siguientes sugerencias como punto de partida:

- Podríamos invitar...
- Podríamos ser voluntarios en...
- Podríamos dar...
- Podríamos...

Por ejemplo:

- *Podríamos invitar a diferentes vecinos a cenar una vez a la semana para fortalecer las relaciones en nuestra comunidad.*
- *Podríamos ser voluntarios dos veces al mes en nuestro banco de alimentos local.*
- *Podríamos donar más e involucrar a nuestros hijos recolectando nuestro cambio suelto, redondeando pequeñas cantidades de las compras y donando el total una o dos veces al año al fondo de beneficencia de nuestra iglesia.*
- *Podríamos aumentar el porcentaje de nuestros ingresos que donamos a la iglesia y a organizaciones benéficas.*

Durante los próximos siete días, sigue buscando formas de profundizar las raíces de tu relación con tu cónyuge y de expandirla utilizando tu matrimonio como una extensión de tu fe. Al principio o al final de cada día, utilicen las siguientes indicaciones para documentar sus experiencias:

- Ayudé a mi cónyuge a sentirse arraigado, seguro o apoyado en nuestra relación al...
- Mi cónyuge me ayudó a sentirme arraigado, seguro o apoyado en nuestra relación al...
- Pude/Pudimos extender las ramas y ayudar a otros al...

Después de completar las siete entradas del diario, revisa brevemente lo que escribiste cada día. Haz otra entrada en el diario para reflexionar sobre las siguientes sugerencias:

- La mejor manera en que puedo ayudar a mi cónyuge a sentirse arraigado, seguro o apoyado en nuestra relación es...
- La mejor manera en que mi cónyuge puede ayudarme a sentirme arraigado, seguro o apoyado en nuestra relación es...
- Lo más importante que aprendí esta semana acerca de extender las ramas y ayudar a otros es...

Extiende las ramas con gracia

Al considerar las maneras en que Dios podría estar guiándote para expandirte y servir a los demás, ten en cuenta que tú y tu cónyuge podrían o no estar de acuerdo sobre cómo y cuándo hacerlo, al menos al principio. Ten cuidado de no forzar las cosas ni resentirte si ustedes dos tienen ideas o preocupaciones diferentes. En cambio, sigue el ejemplo de mi amiga Sandra, dándole gracia a tu cónyuge y esperando el tiempo de Dios.

Sandra y su esposo, George, fueron misioneros durante muchos años, pero ella me contó que cuando le habló por primera vez a George de su sueño de ser misioneros, él le dijo que no, que eso no era para ellos. Le prometió que apoyarían a los misioneros, pero que nunca serían misioneros a largo plazo. Sandra quedó devastada porque sentía de veras que ser misionera era algo a lo que Dios la había llamado. Sin embargo, en lugar de permitir que la brecha afectara su matrimonio, oró para que Dios cambiara el corazón de George.

Un par de años más tarde, George cambió de opinión. Dios llamó a George y a Sandra a vivir en países de habla hispana, y a ayudar a establecer iglesias locales. Y eso fue lo que hicieron. Aprendieron español y pasaron muchos años juntos en el campo misionero.

Aunque Sandra estaba ansiosa por cumplir su sueño de ser misionera, primero tuvo que entregarle ese sueño a Dios y comprometerse a encontrar la paz y el gozo en Cristo, sin importar dónde estuviera. También decidió hacer todo lo posible por extender sus ramas de fe en su comunidad local de maneras que George apoyaba.

Si eres el primero en querer extender las ramas y tu cónyuge aún no está listo, no te preocupes. Mantén una actitud abierta ante lo que Dios tiene para ti y aborda cada nueva oportunidad con oración y con los brazos abiertos. Dios bendecirá tus esfuerzos por ser fiel donde estás, mucho más que cuando intentas imponerle a tu cónyuge tu visión ideal de servicio o hacer que suceda en tu tiempo en lugar de que sea en el tiempo de Dios.

Continúa por el camino del gozo

Un verano, mientras todavía Josh y yo éramos novios, fuimos consejeros en un campamento. Durante ocho semanas, comimos tres veces al día con un nuevo grupo de preadolescentes y adolescentes revoltosos, los guiábamos en las actividades diarias del campamento y los vigilábamos durante el «tiempo libre». A la madura edad de veinte años, Josh y yo nos sentíamos como si nos hubiéramos convertido en padres de diez adolescentes. Los días estaban llenos de actividades como montar a caballo y navegar en canoa, actividades que muchos campistas practicaban por primera vez, y las tardes estaban llenas de juegos, mucha charla de chicas (para mí), abrazar a los que echaban de menos su casa y decirles a los campistas que si no dormían, estarían agotados a la mañana siguiente (bueno, yo estaría agotada a la mañana siguiente).

Aunque ambos coincidimos en que ese verano en particular fue una experiencia increíble, fue *agotador* en realidad. Al final de cada semana, teníamos exactamente veinticuatro horas para ir a casa, ducharnos, dormir, lavar la ropa y hacer las maletas para empezar una nueva semana. Además, Josh y yo apenas nos vimos en todo el verano. Cuando solicitamos el trabajo, recuerdo haber pensado en lo divertido que sería pasar todo el verano juntos. No nos imaginábamos que nos estábamos preparando para estar sudados, sucios y cansados, y que prácticamente no nos veríamos hasta que terminaran esas ocho semanas.

El matrimonio puede ser muy parecido a eso. Nos casamos esperando una cosa, pero a menudo experimentamos algo diferente por completo a lo que pensábamos que íbamos a encontrar. Quizá nos emocionáramos por pasar a la siguiente etapa de la vida, por dar el siguiente gran paso en nuestra relación. Quizá nos encantara la sensación de seguridad y comodidad que nos proporcionaba tener a nuestra «persona para siempre». Sea cual sea el caso, todos nos casamos con ciertas expectativas sobre lo que nos aportaría: amor, felicidad, seguridad, estatus o aprobación. Por eso, la dura realidad que la mayoría de nosotros recibimos en los primeros años supone un golpe impactante.

Esa dura dosis de realidad es descubrir que tu cónyuge tiene más defectos de los que pensabas, darte cuenta de que tu egoísmo a menudo ahoga tus expectativas o solo aprender en tiempo real cómo ambos reaccionan y afrontan las difíciles circunstancias que les depara la vida.

El día de su boda, las parejas prometen atravesar juntos estas difíciles circunstancias de la vida sin poner en peligro su matrimonio: «en la salud y en la enfermedad, en lo bueno y en lo malo». Y aunque muchas parejas pueden prometer que nunca se divorciarán, lo que es mucho más impresionante son las parejas que prometen no dejar nunca de trabajar en su relación. Las parejas pueden acordar permanecer juntas toda la vida, pero si nunca se esfuerzan por mejorar como personas y como pareja, recorrerán el camino de su compromiso de por vida por una senda difícil y dolorosa.

Las parejas cuyos matrimonios no solo duran, sino que prosperan, son esas que no se conforman con no divorciarse. En cambio, acuerdan evaluar constantemente el estado de sus propios corazones, hacer cambios difíciles, perdonarse el uno al otro, y acudir a Dios para que les colme de gracia, amor y sabiduría. Cuando las parejas están dispuestas a dar la vida por mostrar el evangelio, no solo encuentran el gozo que Dios les da en el matrimonio, sino que también reflejan el amor incondicional y abnegado de Cristo por su iglesia al mundo que les rodea.

Esta es la esperanza que Dios tiene para tu matrimonio, y mi esperanza es que estés bien encaminado hacia esa meta. Al igual que nos pasó a Josh y a mí el verano en que fuimos desilusionados consejeros de campamento, a veces el trabajo que hay que dedicarle al matrimonio exige mucho más de ti y es mucho más difícil de lo que pensabas cuando te comprometiste. Puede que eso implique conversaciones a altas horas de la noche, oraciones a primera hora de la mañana y quizá alguna que otra crisis a media tarde. Sin embargo, a medida que ambos busquen a Cristo, también se encontrarán el uno al otro en el camino. Y al recorrer ese camino hacia un futuro más brillante y gozoso, descubrirán mucho más que un matrimonio feliz; también descubrirán que, al entregar sus propias vidas, están mejor preparados para engrandecer el nombre de Dios a través de su matrimonio.

Reconocimientos

Quiero darle las gracias a mi agente literaria, Kathleen Kerr de Alive Literary Agency, por prestar atención a mi trabajo, guiarme durante el proceso de escritura y apoyarme en cada paso del camino. Fuiste una verdadera amiga durante todo este proceso, y no habría podido llegar a la meta sin tu ayuda y experiencia.

A mis editores, Christine Anderson y Dirk Buursma, merecen un inmenso agradecimiento por pulir con esmero mi escritura, a fin de asegurar que el mensaje que tanto me apasiona se transmita con claridad. Gracias a ustedes, quienes buscan descubrir la verdad de Dios para su matrimonio la encontrarán sin duda. Por eso, les estaré para siempre agradecida por haber aceptado la visión y haberme ayudado a comunicarme con claridad y enfoque.

Estoy profundamente agradecida al equipo de mercadotecnia de Zondervan, quienes se preocupan en profundidad por el mensaje que quiero transmitir sobre el propósito de Dios para el matrimonio. Trabajaron con diligencia para darles a conocer este libro a todos los que lo necesiten. Su dedicación y entusiasmo me inspiraron y animaron.

Gracias a mi esposo por su apoyo constante y paciente durante la escritura de este libro, en especial durante una etapa de transición y la llegada de un nuevo bebé a nuestra vida. Te amo y cada día doy gracias por la vida y la familia que tanto nos esforzamos por cultivar. Gracias por acompañarme, por darme tus ideas y por ser una fuente constante de amor y sabiduría en mi vida.

A los padres de Josh, Dave y Camille, y a mis padres, Lee y Sue: gracias por mostrarnos a ambos que un matrimonio puede prosperar de verdad cuando lo cuidamos, invertimos en él y hacemos todo lo posible por amarnos como Cristo ama a su iglesia. Apreciamos su ejemplo y los hogares en los que tuvimos el privilegio de crecer antes de conocernos y formar nuestra propia familia.

Por último, quiero agradecer a nuestra iglesia, Grace Church en Greenville, Carolina del Sur, por desafiarnos continuamente, colmarnos de las verdades del evangelio y ponernos en situaciones en las que podemos servir a nuestra comunidad local y ser servidos por nuestra comunidad de la iglesia. Es una inmensa bendición ser alimentados siempre con la verdad de Dios y ver que el evangelio vive a diario en ustedes y a través de ustedes.

Acerca de Chelsea Damon

Chelsea Damon, influyente bloguera y autora, lleva felizmente casada con su esposo, Josh, desde 2013. Su historia de amor comenzó en la Universidad Liberty de Lynchburg, Virginia, donde se conocieron durante su primer año. En la actualidad residen en Carolina del Sur con sus tres hijos y un perro travieso. Chelsea ha construido su vida en torno al fomento de relaciones sanas y centradas en Dios dentro del matrimonio y la familia. Inspirada por su propia trayectoria, en 2015 lanzó un blog dedicado a esta misión, seguido de la publicación de su libro *Together with Christ: A Dating Couples Devotional,* en 2018.

La pasión de Chelsea va más allá de ayudar a las parejas cristianas a evitar el divorcio; su objetivo es inspirar gozo, plenitud y un propósito más profundo en el matrimonio, a fin de promover el avance del reino de Dios. Además de escribir y dar charlas sobre estos temas, Chelsea disfruta de la jardinería con sus hijos, hacer ejercicios con su esposo, explorar su lado creativo a través de la pintura y la escritura, y elaborar pan con masa madre casera.

De la editorial

¡LOS GRANDES LIBROS

SON AÚN MEJORES CUANDO SE COMPARTEN!

Ayuda a otros lectores a encontrar este libro

- Publica una reseña en tu librería en línea favorita
- Publica una foto en una cuenta en redes sociales y comenta por qué te gustó
- Envía una nota a un amigo al que también le encantaría o, mejor aún, regálale un ejemplar

¡Gracias por leer!